7日でできる！

音声DL版

韓国語

ゆる

文法

7DAYS
"YURU"
BUNPOU

木内 明 著

Kiuchi Akira

登場人物の紹介

 ソラ

主人公。韓国ドラマとK-POPが大好きな女の子。大ファンの韓流スターとおしゃべりするために、文法習得に燃えている。名前のソラは、韓国語で「サザエ」の意味。

 ライオン先生

韓国語の文法の先生。じつは韓流アイドルの追っかけもしている。ファンミで知り合ったきっかけで、ソラちゃんとブー子に文法を教えてくれることに。

 ピー

ソラちゃんのペット。

🐷 ブー子

ソラちゃんの親友。食いしん坊でおいしいものに目がない。本場の焼き肉を韓国でおなかいっぱい食べるために、文法を学ぶことを決意。

音声のダウンロードについて

●音声マーク（ 🔊01 ）が入っている単語・文章は、音声を聞くことができます。
カバー折り返し部分に記載の【音声ダウンロードの方法】をごらんください。

はじめに

K-POPや韓流ドラマのおかげでしょうか。

最近では日本人の中にも、アンニョンハセヨ、サランヘヨなど、

ちょっとしたフレーズを知っている人は少なくありません。

韓国語が日本語と似ているので、モノマネの上手な人などは、

ヒットソングやドラマを楽しみながら、繰り返し耳にする表現は

丸ごと覚えてしまうようです。

ところが、そんな語学の達人でも、

いざソウルのデパートで店員さんに欲しい商品を説明しようとしたら、

はたまた、お目当ての焼き肉レストランでメニューについて尋ねようとしたら、

思うように言葉が出てこなかったという残念な土産話もよく耳にします。

日本語とよく似ているとはいえ、正確に話すには、

やはり基礎的な文法を確実にものにしておく必要があります。

本書は、入門からもう一歩踏み込んだコミュニケーションを目指す人が、

正確に、そして楽しく文法を習得できることを願って企画しました。

「ゆるさ」にこだわりつつも、本シリーズが得意とする

ビジュアル効果とキャラクターたちによる軽妙な解説をふんだんに盛り込み、

文法をシンプルかつ明快にまとめています。

さらに、フレーズ集ではなかなか学ぶことができない動詞や形容詞の不規則な活用や、

発音の変化にもできる限り丁寧に説明を加えました。

文法だからといって構えることなく、おちゃめなキャラクターたちの

絶妙な解説を楽しんでください。ページをめくるごとに展開する愉快なやりとりの中で、

学習のコツや日本人が間違えやすいポイントを簡潔に解説してくれます。

本書を終えるころには、正確な文法に根差した基礎会話力が

しっかりと身に付いていることでしょう。

とかく難しいと避けがちな韓国語の文法を、本書によって楽しくものにしていただければ、

執筆者としてそれに勝る喜びはありません。

木内 明

CONTENTS

6日目 🐤 レベル6 「動詞＆形容詞①」をクリア！

7日目 🐤 レベル7 「動詞＆形容詞②」をクリア！

カテゴリー別　使える！役立つ！ゆる単語集 🐤

本文イラスト：大橋明子　　　　協力：徐銀河、金信慧、三橋尚子
本文デザイン：白畠かおり　　　韓国語ナレーション：李泓馥、李孝眞
編集協力：円谷直子　　　　　　日本語ナレーション：水月優希
DTP：タケナカ・ユウキ　　　　録音：（財）英語教育協議会（ELEC）

この本の使い方

本書は、韓国語の文法を楽しみながら学べるテキストです。
初心者でも7日間で
基本的な文法と単語をマスターできます。

ステップ①

ソラちゃん、ブー子と文法の基本を学ぼう！

登場人物のソラちゃんやブー子のコメント、
ライオン先生のアドバイスを参考にレッスンを進めていきます。
「これだけは覚えよう！」さえ覚えておけば、
基本はバッチリ！

ステップ②

文章を解剖して、応用力を身につけよう！

「よ〜く見てみよう！」で文法の法則が見えてくるよ。
K-POPや韓国文化など、実際に使える例文がいっぱい盛り込まれているから、
そのまま覚えちゃおう！　ページ欄外の「復習これだけフレーズ」は、
全部つなげれば1通のファンレターに！
気に入ったフレーズだけを使っても、もちろんOK。

ステップ③

文法力をつけたら単語を覚えてステップアップ！

巻末には頻出単語がシチュエーションやテーマごとに紹介されているよ。
単語を入れ替えて、覚えた文法をどんどん使ってみよう！

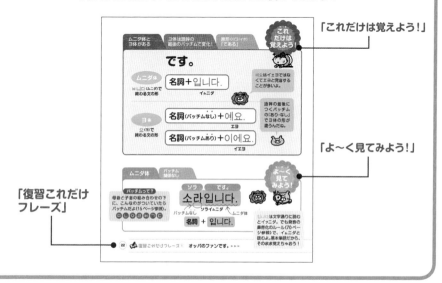

「これだけは覚えよう！」

「よ〜く見てみよう！」

「復習これだけフレーズ」

文法さえわかっていれば……

今日はソラちゃんとブー子が大好きな韓流スター J（ジェイ）のファンミに参加！
「韓国語ならちょっとは話せる」と自慢げなソラちゃんだったが、J に突然指名されて……。本当に憧れの J とおしゃべりできるのかな！？

ハングルの基本 をマスター!

はじめにハングルの仕組みを覚えておきましょう。
日本語との大きな共通点が3つあります!

| あの | 歌手 | が | 私の | 理想のタイプ | です。 |

저 **가수** 가 제 **이상형** 이에요.

チョ　　カス　　ガ　　チェ　　イサンヒョン　　イエヨ

主語 ────────

述語 ────────

 助詞もあるんだね!

①日本語と語順が同じ! 　主語が最初で述語が最後

日本語と同じ語順で文の頭から単語を1つずつハングルに置き換えていけば、韓国語になるよ。

②漢字が使われている! 　日本語にソックリな単語が!

韓国語の単語の70%は漢字語(漢字が元になっている単語)ともいわれている。漢字語の中には日本語と発音が似ている単語がいっぱいあるよ。

例 歌手 **가수**　無料 **무료**　家族 **가족**
　　　カス　　　　ムリョ　　　　カチョク

 歌手とカスって似てる!

③仕組みがローマ字に似ていてわかりやすい!

韓国語には10個の基本母音と19個の子音があるよ。その母音と子音をローマ字のように組み合わせればいいから、すぐ読めるようになるよ!

左右タイプ
母音が右で子音が
左につく

ㄴㅏ 僕
n　a
[na] ナ

上下タイプ
子音が上で母音が
下につく

ㅅ 牛
ㅗ
s
o
[so] ソ

＋αタイプ
もう1つの
子音を組み合わせる

ㄱㅣ 海苔
k　i
ㅁ
m
[kim] キム

子音と母音の組み合わせの下に、もう1つ子音がくる場合があるよ。読み方は、子音→母音→子音の順。
最後に発音する子音を「パッチム」というよ。

基本母音 をマスター！

母音は子音の右側や下にきます。どの母音も入る位置は決まっています。
まずは10個の基本母音から覚えましょう。

音声
02

ア [a]	ㅏ	아 ア		日本語の「ア」とほとんど同じ音。口をはっきり開けて「ア」と発音します。
ヤ [ja]	ㅑ	야 ヤ		日本語の「ヤ」とほとんど同じ音。口をはっきり開けて「ヤ」と発音します。

枝が2本出ている文字はYの音と覚えるのね！

オ [ɔ]	ㅓ	어 オ		口を縦に大きく開けて「オ」と言います。 日本語にない音。
ヨ [jɔ]	ㅕ	여 ヨ		口を縦に大きく開けて「ヨ」と言います。 日本語にない音。
オ [o]	ㅗ	오 オ		日本語の「オ」とだいたい同じ音。唇を丸めて発音します。
ヨ [jo]	ㅛ	요 ヨ		日本語の「ヨ」とだいたい同じ音。唇を丸めて発音します。
ウ [u]	ㅜ	우 ウ		日本語の「ウ」とだいたい同じ音。唇を丸めて発音します。
ユ [ju]	ㅠ	유 ユ		日本語の「ユ」とだいたい同じ音。唇を丸めて発音します。
ウ [ɯ]	ㅡ	으 ウ		口を横に大きく開けて「ウ」と言います。 日本語にない音。
イ [i]	ㅣ	이 イ		日本語の「イ」とほぼ同じ音。口を横にしっかり引いて発音します。

基本子音をマスター！

韓国語には19個の子音があります。ここでは基本子音9個を学びましょう。それぞれ母音ㅏ(ア)をつけて紹介します。

音声 03

カ/ガ [k/g]	ㄱ	カ/ガ 가	日本語の**「カ行」**に近い発音。語中では濁音になって**「ガ行」**に近くなります。
ナ [n]	ㄴ	ナ 나	日本語の**「ナ行」**に近い音です。
タ/ダ [t/d]	ㄷ	タ/ダ 다	日本語の**「タ行」**に近い発音。語中では濁音になって**「ダ行」**に近くなります。
ラ [r/l]	ㄹ	ラ 라	日本語の**「ラ行」**に近い音です。
マ [m]	ㅁ	マ 마	日本語の**「マ行」**に近い音です。
パ/バ [p/b]	ㅂ	パ/バ 바	日本語の**「パ行」**に近い発音。語中では濁音になって**「バ行」**に近くなります。
サ [s/ʃ]	ㅅ	サ 사	日本語の**「サ行」**に近い音です。
ア [無音]	ㅇ	ア 아	**無音**の子音です。母音の音をそのまま発音します。 ㅇの書き順は上から時計の反対回り。
チャ/チャ [tʃ/dʒ]	ㅈ	チャ/チャ 자	日本語の**「チャ行」**に近い発音。語中では濁音になって**「チャ行」**に近くなります。

激音・濃音 をマスター！

子音には、基本子音（平音）のほかに激音5個と、濃音5個があります。
発音と形は基本子音の応用です。母音ㅏ（ア）をつけて紹介します。

音声 04

激音

平音よりもおなかから息を強く吐き出しながら発音します。
文字は基本子音に点や線がひとつ加わった形になります。

チャ [tʃʰ]	ᄎ	ㅈの激音	차 チャ	息を強く吐きながら**「チャ行」**の音を発音。
カ [kʰ]	ᄏ	ㄱの激音	카 カ	のどから息を強く吐きながら**「カ行」**の音を発音。
タ [tʰ]	ᄐ	ㄷの激音	타 タ	舌で上あごをはじくように、息を強く吐きながら**「タ行」**の音を発音。
パ [pʰ]	ᄑ	ㅂの激音	파 パ	閉じた口を息で強く破裂させるように**「パ行」**の音を発音。
ハ [h]	ᄒ	ㅇの激音	하 ハ	息を強く吐きながら**「ハ行」**の音を発音。

濃音

発音はのどを緊張させて詰まらせるようにして発音します。
基本子音が2つ並んだ形です。

ッカ [ˀk]	ㄲ	ㄱの濃音	까 ッカ	**「カ行」**が詰まったような音です。「うっかり」の「ッカ」のように発音。
ッタ [ˀt]	ㄸ	ㄷの濃音	따 ッタ	**「タ行」**が詰まったような音です。「まったり」の「ッタ」のように発音。
ッパ [ˀp]	ㅃ	ㅂの濃音	빠 ッパ	**「パ行」**が詰まったような音です。「いっぱい」の「ッパ」のように発音。
ッサ [ˀs]	ㅆ	ㅅの濃音	싸 ッサ	**「サ行」**が詰まったような音です。「あっさり」の「ッサ」のように発音。
ッチャ [ˀtʃ]	ㅉ	ㅈの濃音	짜 ッチャ	**「チャ行」**が詰まったような音です。「まっちゃ」の「ッチャ」のように発音。

複合母音をマスター！

2つ以上の基本母音が組み合わさると複合母音という別の音になります。
複合母音は以下の11個があります。

音声 05

エ [ɛ]	ㅐ	← ㅏ + ㅣ	エ 애	日本語の「エ」に近い発音です。
イェ [jɛ]	ㅒ	← ㅑ + ㅣ	イェ 얘	日本語の「イェ」に近い発音です。
エ [e]	ㅔ	← ㅓ + ㅣ	エ 에	日本語の「エ」に近い発音です。애とほとんど同じです。
イェ [je]	ㅖ	← ㅕ + ㅣ	イェ 예	日本語の「イェ」に近い発音。애とほとんど同じ音です。 예は子音がㅇのときは「イェ」、そのほかの子音がつくと「エ」と発音。例：례「レ」
ワ [wa]	ㅘ	← ㅗ + ㅏ	ワ 와	日本語の「ワ」に近い発音です。
ウェ [wɛ]	ㅙ	← ㅗ + ㅐ	ウェ 왜	「オ」と「エ」がくっつくと、「ウェ」。口をしっかり開いて「ウェ」と発音します。
ウェ [we]	ㅚ	← ㅗ + ㅣ	ウェ 외	日本語の「ウェ」とほぼ同じ発音です。
ウォ [wɔ]	ㅝ	← ㅜ + ㅓ	ウォ 워	日本語の「ウォ」とほぼ同じ発音です。
ウェ [we]	ㅞ	← ㅜ + ㅔ	ウェ 웨	日本語の「ウェ」に近い発音です。
ウィ [wi]	ㅟ	← ㅜ + ㅣ	ウィ 위	「ウ」と「イ」を同時に発音。日本語の「ウィ」に近い発音です。
ウィ [ɰi]	ㅢ	← ㅡ + ㅣ	ウィ 의	日本語の「ウィ」よりも、少し「ウイ」に近い音です。唇を横に引いて「ウィ」と発音します。 語頭では「ウィ」だけど、それ以外では「イ」。助詞「〜の」のときは「エ」になる。

パッチムをマスター！

母音と子音の組み合わせの下に現れる子音、パッチムを学びましょう。
パッチムは「支えるもの」という意味を持っています。

音声 06

 パッチムの種類と発音
パッチムにはいろいろな形がありますが、発音は7つに集約されます。
※例外もあるので、目安として覚えておいてください

発音	パッチムの種類	単語
ㅁ [m]	ㅁ ㄻ	꿈 夢（ックム）／점심 昼食（チョムシム）
ㄴ [n]	ㄴ ㄵ ㄶ	산 山（サン）／눈 雪（ヌン）
ㅇ [ng]	ㅇ	공항 空港（コンハン）／방 部屋（パン）
ㄹ [l]	ㄹ ㄼ ㄽ ㄾ ㅀ	물 水（ムル）／서울 ソウル（ソウル）
ㅂ [p]	ㅂ ㅍ ㅄ ㄿ	팝 ポップ（パプ）／집 家（チプ）
ㄱ [k]	ㄱ ㅋ ㄲ ㄳ ㄺ	빅 ビッグ（ビク）／밖 外（パク）
ㄷ [t]	ㄷ ㅌ ㅅ ㅆ ㅈ ㅊ ㅎ	넷 ネット（ネッ）／맛 味（マッ）

左の「音が響くパッチム」が上4行、「音が消えるパッチム」が下3行。

左右並び
＋パッチムパターン
左右に並ぶ子音と母音の下に
子音がもう1つつく。

[pap] ご飯

上下並び
＋パッチムパターン
上下に並ぶ子音と母音の下に
子音がもう1つつく。

[kuk] スープ

左右並び
＋ツインパッチムパターン
パッチムが2つつくときは、
そのどちらか片方だけを発音。

[sam] 人生、生活

ハングル一覧表

基本子音

<table>
<tr><td></td><td colspan="9" align="center">基本子音</td></tr>
</table>

		ㄱ k/g	ㄴ n	ㄷ t/d	ㄹ r/l	ㅁ m	ㅂ p/b	ㅅ s	ㅇ 無音	ㅈ ch/j
基本母音	ㅏ a	가 カ	나 ナ	다 タ	라 ラ	마 マ	바 バ	사 サ	아 ア	자 チャ
	ㅑ ja	갸 キャ	냐 ニャ	댜 ティア	랴 リャ	먀 ミャ	뱌 ピャ	샤 シャ	야 ヤ	쟈 チャ
	ㅓ o	거 コ	너 ノ	더 ト	러 ロ	머 モ	버 ポ	서 ソ	어 オ	저 チョ
	ㅕ jo	겨 キョ	녀 ニョ	뎌 ティヨ	려 リョ	며 ミョ	벼 ピョ	셔 ショ	여 ヨ	져 チョ
	ㅗ o	고 コ	노 ノ	도 ト	로 ロ	모 モ	보 ポ	소 ソ	오 オ	조 チョ
	ㅛ jo	교 キョ	뇨 ニョ	됴 ティヨ	료 リョ	묘 ミョ	뵤 ピョ	쇼 ショ	요 ヨ	죠 チョ
	ㅜ u	구 ク	누 ヌ	두 トゥ	루 ル	무 ム	부 プ	수 ス	우 ウ	주 チュ
	ㅠ ju	규 キュ	뉴 ニュ	듀 ティユ	류 リュ	뮤 ミュ	뷰 ピュ	슈 シュ	유 ユ	쥬 チュ
	ㅡ w	그 ク	느 ヌ	드 トゥ	르 ル	므 ム	브 ブ	스 ス	으 ウ	즈 チュ
	ㅣ i	기 キ	니 ニ	디 ティ	리 リ	미 ミ	비 ピ	시 シ	이 イ	지 チ
複合母音	ㅐ ɛ	개 ケ	내 ネ	대 テ	래 レ	매 メ	배 ベ	새 セ	애 エ	재 チェ
	ㅒ jɛ	갸 ケ	냬 ネ					섀 セ	얘 イェ	쟤 チェ
	ㅔ e	게 ケ	네 ネ	데 テ	레 レ	메 メ	베 ベ	세 セ	에 エ	제 チェ
	ㅖ je	계 ケ	녜 ネ	뎨 テ	례 レ	몌 メ	볘 ベ	셰 セ	예 イェ	졔 チェ
	ㅘ wa	과 クァ	놔 ヌァ	돠 トァ	롸 ルァ	뫄 ムァ	봐 プァ	솨 スァ	와 ワ	좌 チュア
	ㅙ wɛ	괘 クェ		돼 トェ			봬 プェ	쇄 スェ	왜 ウェ	좨 チェ
	ㅚ we	괴 クェ	뇌 ヌェ	되 トェ	뢰 ルェ	뫼 ムェ	뵈 プェ	쇠 スェ	외 ウェ	죄 チェ
	ㅝ wo	궈 クォ	눠 ヌォ	둬 トォ	뤄 ルォ	뭐 ムォ	붜 プォ	숴 スォ	워 ウォ	줘 チュオ
	ㅞ we	궤 クェ	눼 ヌェ	뒈 トェ	뤠 ルェ	뭬 ムェ	붸 プェ	쉐 スェ	웨 ウェ	줴 チェ
	ㅟ wi	귀 クィ	뉘 ヌィ	뒤 トィ	뤼 ルィ	뮈 ムィ	뷔 プィ	쉬 スィ	위 ウィ	쥐 チュイ
	ㅢ wi	긔 クィ	늬 ヌィ	듸 トィ					의 ウィ	

16

縦軸の母音字と、横軸の子音字の
組み合わせでできる文字をまとめた一覧表です。
ここではハングルを読めるようにカタカナで
発音を表記しています。

激音					濃音				
ㅊ ch	ㅋ kh	ㅌ th	ㅍ p	ㅎ h	ㄲ kk	ㄸ tt	ㅃ pp	ㅆ ss	ㅉ tch
차 チャ	카 カ	타 タ	파 パ	하 ハ	까 ッカ	따 ッタ	빠 ッパ	싸 ッサ	짜 ッチャ
챠 チャ	캬 キャ	탸 ティャ	퍄 ピャ	햐 ヒャ	꺄 ッキャ	땨 ッティャ	뺘 ッピャ	쌰 ッシャ	쨔 ッチャ
처 チョ	커 コ	터 ト	퍼 ポ	허 ホ	꺼 ッコ	떠 ット	뻐 ッポ	써 ッソ	쩌 ッチョ
쳐 チョ	켜 キョ	텨 ティョ	펴 ピョ	혀 ヒョ	껴 ッキョ	뗘 ッティョ	뼈 ッピョ	쎠 ッショ	쪄 ッチョ
초 チョ	코 コ	토 ト	포 ポ	호 ホ	꼬 ッコ	또 ット	뽀 ッポ	쏘 ッソ	쪼 ッチョ
쵸 チョ	쿄 キョ	툐 ティョ	표 ピョ	효 ヒョ	꾜 ッキョ	뚀 ッティョ	뾰 ッピョ	쑈 ッショ	쬬 ッチョ
추 チュ	쿠 ク	투 トゥ	푸 プ	후 フ	꾸 ック	뚜 ットゥ	뿌 ップ	쑤 ッス	쭈 ッチュ
츄 チュ	큐 キュ	튜 ティュ	퓨 ピュ	휴 ヒュ	뀨 ッキュ	뜌 ッティュ	쀼 ッピュ	쓔 ッシュ	쮸 ッチュ
츠 チュ	크 ク	트 トゥ	프 プ	흐 フ	끄 ック	뜨 ットゥ	쁘 ップ	쓰 ッス	쯔 ッチュ
치 チ	키 キ	티 ティ	피 ピ	히 ヒ	끼 ッキ	띠 ッティ	삐 ッピ	씨 ッシ	찌 ッチ
채 チェ	캐 ケ	태 テ	패 ペ	해 ヘ	깨 ッケ	때 ッテ	빼 ッペ	쌔 ッセ	째 ッチェ
체 チェ	케 ケ	테 テ	페 ペ	헤 ヘ	께 ッケ	떼 ッテ	뻬 ッペ	쎄 ッセ	쩨 ッチェ
쳬 チェ	켸 ケ	톄 テ	폐 ペ	혜 ヘ	꼐 ッケ				
촤 チュア	콰 クァ	톼 トァ	퐈 プァ	화 ファ	꽈 ックァ	똬 ットァ		쏴 ッスァ	쫘 ッチュア
	쾌 クェ	퇘 トェ		홰 フェ	꽤 ックェ	뙈 ットェ		쐐 ッスェ	쫴 ッチェ
최 チェ	쾨 クェ	퇴 トェ	푀 プェ	회 フェ	꾀 ックェ	뙤 ットェ		쐬 ッスェ	쬐 ッチェ
취 チュオ	쿼 クォ	퉈 トォ	풔 プォ	훠 フォ	꿔 ックォ	뚸 ットォ		쒀 ッスォ	쭤 ッチュオ
췌 チェ	퀘 クェ	퉤 トェ		훼 フェ	꿰 ックェ	뛔 ットェ		쒜 ッスェ	
취 チュイ	퀴 クィ	튀 トィ	퓌 プィ	휘 フィ	뀌 ックィ	뛰 ットィ		쒸 ッスィ	쮜 ッチュイ
		틔 トィ		희 フィ		띄 ットィ		씌 ッスィ	

※空欄に入る文字は理論上は存在しますが、実際には使われません。

基本のフレーズを覚えよう！

日常生活の基本になる、挨拶言葉を覚えておこう。

出会いの場面

こんにちは。
안녕하세요?
アンニョンハセヨ

韓国語の挨拶は朝、昼、夜、
いつでも同じ言葉だよ。便利だね。

こんにちは。
안녕하십니까?
アンニョンハシムニッカ

アンニョンハセヨよりも、
より丁寧な言い方だよ。

お会いできて光栄です。
만나서 반갑습니다.
マンナソ　　　パンガプスムニダ

「よろしくお願いします」
という感じで、使うよ。

初めまして。
처음 뵙겠습니다.
チョウム　　ペプケッスムニダ

直訳すると、
「初めてお目にかかります」だよ。

さようならの場面

さようなら（去る人に対して）。
안녕히 가세요.
アンニョンヒ　　ガセヨ

友達同士ならざっくばらんに
「じゃあね」잘 가. （チャル ガ）
でもいいよ。

さようなら（残る人に対して）。
안녕히 계세요.
アンニョンヒ　　ゲセヨ

親しければ、単に안녕 （アンニョン）
だけでも。これなら送る人にも
去る人にも使えるよ。

お礼

ありがとう。
감사합니다.
カムサハムニダ

감사 （カムサ）を漢字で書くと「感謝」。
直訳は「感謝します」だよ。

ありがとうございます。
고맙습니다.
コマプスムニダ

고마워요. （コマウォヨ）と言ってもよいよ。
友達には外来語の댕큐！ （テンキュ）でもOK。

1日目 レベル1
「です・ます＆助詞」からスタート！

7DAYS YURU BUNPOU* 1ST DAY LEVEL1

まずは「です・ます」などの
基本的な文型や文章を作るときに
欠かせない助詞について学ぼう！
これをクリアすれば、
簡単な文章も作れちゃうよ。

「います・あります」編

基本的な文の形を勉強しはじめた2人。ブー子が驚くべき事実に気づいたよ！

ヘえ～！

どっどうしたの

日本語だと、人や動物は「います」で、物は「あります」という言葉を使うでしょ。

うん

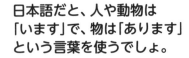

韓国語では、人でも物でも、何でも「イッソヨ」って言うんだって！

全部同じなのね！

机も イスも イッソヨ！

ネコも イッソヨ！

じゃあ、ブタもイッソヨだし、サムギョプサルもイッソヨなわけね。

じゃ、鳥も焼鳥もイッソヨなわけねー。

覚えやすくていいじゃない～。

まとめて覚えよう！①

基本的な文の形

P22～23

です。	ムニダ体	名詞＋입니다. イムニダ
	ヨ体	名詞＋예요. （語幹の最後に） （パッチムなし）　エヨ
		名詞＋이에요. （語幹の最後に） （パッチムあり）　イエヨ

P24～25

います。 あります。	ムニダ体	있습니다. イッスムニダ
	ヨ体	있어요. イッソヨ

いません。 ありません。	ムニダ体	없습니다. オプスムニダ
	ヨ体	없어요. オプソヨ

P26～27

します。	ムニダ体	합니다. ハムニダ
	ヨ体	해요. ヘヨ

P28～29

ですか？ しますか？	ムニダ体	다. → 까? タ　　ッカ
	ヨ体	요. → 요? ヨ　　ヨ

ですをマスター！

自分を紹介してみたい〜

ここでは、「です」という表現を学ぶよ。
この一言だけで「ソラです」「日本人です」などの
簡単な自己紹介ができるよ。

ムニダ体と ヨ体がある	ヨ体は語幹の 最後のパッチムで変化！	原形이다(イダ)「である」

これ だけは 覚えよう！

です。

ムニダ体
ㅂ니다(ムニダ)で 終わる文の形

名詞＋입니다.
イムニダ

예요はイェヨではなくてエヨと発音することが多いよ。

ヨ体
요(ヨ)で 終わる文の形

名詞(パッチムなし)＋예요.
エヨ

名詞(パッチムあり)＋이에요.
イエヨ

語幹の最後につくパッチムの「あり・なし」でヨ体の形が違うんだね。

ムニダ体	パッチム 関係なし

よ〜く 見て みよう！

パッチムって？
母音と子音の組み合わせの下に、こんなのがついていたらパッチムだよ(15ページ参照)。
ㅁ ㄴ ㅇ ㄹ ㅂ ㄱ ㄷ

ソラ です。
소라입니다.
パッチムなし ソライムニダ ムニダ体

名詞 ＋ 입니다.

입니다は文字通りに読むとイ○ニダ。でも発音の鼻音化のルール(70ページ参照)で、イムニダと読むよ。基本単語だから、そのまま覚えちゃおう！

復習これだけフレーズ① オッパのファンです。▶▶▶

ムニダ体　パッチム関係なし

パスポート　です。

여권입니다.

ヨクォ　ンイ　ムニダ
　　　ニ

パッチムあり　　　　　　　ムニダ体

ムニダ体は、直前の単語にパッチムがあってもなくても形は変わらないよ。

名詞 + 입니다.

「ㄴ」と「이」がつながって「니」(ニ)の発音になる。
連音化は54ページ参照

ヨ体　パッチムなしの場合

ブー子　です！

부코예요！

パッチムなし　→　プコエヨ　　　ヨ体

ヨ体はムニダ体よりも、ニュアンスがやわらかくなるよ。日常会話や女性によく使われる文体だよ。

名詞(パッチムなし) + 예요.

直前の名詞の最後にパッチムがない場合は、そのまま名詞に예요.(エヨ)をつけるだけ

ヨ体　パッチムありの場合

恋人　　募集中　　です。

애인 모집 중이에요.

エイン　　パッチムあり　モヂㇷチュンイエヨ　　ヨ体

「です」の直前の「ㅇ」がパッチムだから「이에요.」がつくんだね！

名詞(パッチムあり) + 이에요.

直前の名詞の最後にパッチムがある場合は、이에요.(イエヨ)をつける

---

miniテスト

下線部にハングルを入れて文を完成させましょう。

大学生です。

① **ムニダ体** 대학생_____.
テハㇰセン

ヒント！
②はパッチムがあるかないかに注目して。

初恋です。[初恋 첫사랑（チョッサラン）]

② **ヨ体** 첫사랑_____.
チョッサラン

答え：①입니다 ②이에요

あります・ありませんをマスター!

「恋人はいません」とアピールできちゃうよ

韓国語では「(人が) います」も「(物が) あります」も、있습니다.(イッスムニダ)や있어요.(イッソヨ) と言うよ。存在しない場合の「(人が) いません」も「(物が)ありません」も、やはり同じ없습니다.(オプスムニダ) や없어요.(オプソヨ) なんだ。

復習これだけフレーズ②　東京にいます。▶▶▶

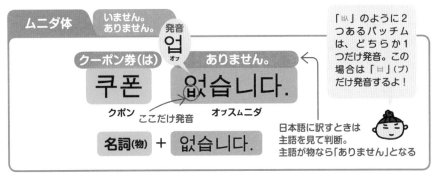

ムニダ体 いません。ありません。

クーポン券(は) ありません。

発音 업 オプ

쿠폰 없습니다.
クポン ここだけ発音 オプスムニダ

名詞(物) + 없습니다.

「ㅄ」のように2つあるパッチムは、どちらか1つだけ発音。この場合は「ㅂ」(プ)だけ発音するよ！

日本語に訳すときは主語を見て判断。主語が物なら「ありません」となる

ヨ体 います。あります。

約束(が) あります。

発音 써 ッソ

약속 있어요.
ヤクソク イッソヨ

物だけではなく「約束」のような概念にも使える

名詞(概念) + 있어요.

「あります」と「ありません」は、直前のパッチムあり・なしに関係ないから簡単だね！

ヨ体 いません。ありません。

時間(が) ありません。

発音 업 オプ / 発音 서 ソ

시간 없어요.
シガン オプソヨ

韓国語では助詞が省略されることがよくあるよ。助詞については30ページからを参照してね。

名詞(概念) + 없어요.

「時間(が)ありません」で「忙しい」という意味になるのは日本語と一緒。「忙しくない」は、시간 있어요.(シガン イッソヨ)「時間(が)あります」。

miniテスト

下線部にハングルを入れて文を完成させましょう。

恋人(が)いないんです。
① **ムニダ体** 애인 ＿＿＿＿＿＿ .
エイン

時間(は)ありますよ。
② **ヨ体** 시간 ＿＿＿＿＿＿ .
シガン

答え：❶없습니다 ❷있어요

しますをマスター！

ショッピングに誘っちゃおう

「します」という基本の動詞を学ぶよ。
「勉強」「結婚」「ショッピング」「デート」など、
名詞につければ、新たな動詞にもなるよ。

これ
だけは
覚えよう！

パッチム 関係なし	原形하다(ハダ)「する」	CHECK!

します。

約속 (ヤクソク)「約束」や식사 (シクサ)「食事」のような名詞に、합니다 (ハムニダ) や해요 (ヘヨ) をつけると、약속합니다 (ヤクソクハムニダ)「約束します」や식사해요 (シクサヘヨ)「食事します」という動詞になるよ。

ムニダ体

합니다.

ハムニダ

ほかにも간단 (カンダン)「簡単」や유명 (ユミョン)「有名」のような名詞に、합니다や해요がつくと、간단합니다 (カンダナムニダ)「簡単です」、유명해요 (ユミョンヘヨ)「有名です」という形容詞にもなるよ。

ヨ体

해요.

ヘヨ

ムニダ体	パッチム 関係なし

よ〜く
見て
みよう！

미팅합니다.と、字間をあけずに続ければ、「合コンする」という動詞にもなるよ。

合コン(を)	します。

미팅 | 합니다.

ミティン　パッチムあり　ハムニダ

名詞(合コン) ＋ 합니다.

復習これだけフレーズ③　オッパのことすっごく愛してます。▶▶▶

ムニダ体 ‖ パッチム関係なし

感謝します(ありがとう)。

감사합니다.

パッチムなし ↗ **カムサハムニダ**

みんなもよく知っている감사합니다.(カムサハムニダ)「ありがとう」は、「感謝」+「します」という構造なんだよ！

名詞(感謝) + **합니다.** = 特定の動詞になる

ヨ体 ‖ パッチム関係なし

発音
내
ネ

結婚します。

결혼해요.

パッチムあり ↗ **キョロ(ンヘヨ)** ‿ ネ

ㅎは直前にㄴのパッチムがくるとㄴの音として発音される

결혼 (キョロン) にはパッチムがあるけど、パッチムのないときと同じ形の動詞がつくよ。

名詞(結婚) + **해요.**

ヨ体 ‖ パッチム関係なし

一緒に **ショッピングしましょう。**

같이 쇼핑해요.

↗ カチ ショピンヘヨ

해요 (ヘヨ) は、쇼핑해요 (ショピンヘヨ)「ショッピングします」、데이트해요 (デイトゥヘヨ)「デートします」のように外来語にもつくよ。

名詞(ショッピング) + **해요.**

ヨ体には「〜しよう」と相手を勧誘する意味もある

普通に連音化すれば「カティ」だけれど……この発音は特殊！

---

miniテスト

下線部にハングルを入れて文を完成させましょう。

今年結婚します。［今年 올해 (オレ)］

① **ムニダ体** 올해 결혼_____.
　　　　　　オレ　　キョロン

一緒に勉強しましょう。

② **ヨ体** 같이 공부_____.
　　　　　カチ　　コンブ

答え：❶합니다 ❷해요

오빠 너무너무 사랑해요. **27**
オッパ　ノムノム　サランヘヨ

疑問形をマスター！

知り合った人のことを尋ねた〜い

「〜ですか」「〜しますか」と、質問するときの疑問の表現を学ぶよ。

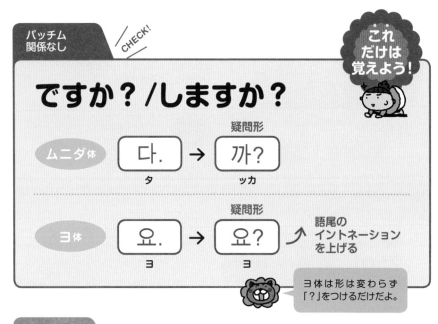

パッチム
関係なし   CHECK!

これ
だけは
覚えよう！

ですか？ / しますか？

ムニダ体   다.（タ） → 疑問形 까?（ッカ）

ヨ体   요.（ヨ） → 疑問形 요?（ヨ） ↗ 語尾の
イントネーション
を上げる

ヨ体は形は変わらず
「？」をつけるだけだよ。

ムニダ体

よ〜く
見て
みよう！

| 韓国 | 人 | ですか？ |

한국 사람입니까?

ハングッ   サラ（ムイ）ムニッカ
　　　　　　　　ミ

発音は미になる

ㅂ니다で終わる文は、
語尾をㅂ니까?にする

「？」を忘れない

疑問に対する返事は
「はい。」 → 네.（ネ）
「いいえ。」 → 아뇨（アニョ）

  復習これだけフレーズ④　**オッパは彼女いますか？** ▶▶▶

ムニダ体

있습니다. / 있습니까?の前はあけることを忘れない

復習
「います」「あります」の있습니다.だよ。24ページ参照。

| 時間 | ありますか? |

시간○있습니까?

シガン イッスムニッカ
＝

다. (タ)が疑問文では까? (ッカ)に

やや速く言うと、シガニッスムニッカになる

ヨ体

ヨ体は疑問文も形が変わらないよ。

| 今 | しますか? |

지금 해요?

チグム ヘヨ

「.」を「?」に変える

ヨ体の疑問文は語尾のイントネーションを上げる

ヨ体

| ネットカフェ | ありませんか? |

PC방 없어요?

ピシバン オプソヨ

返事は네, 없어요. (ネ, オプソヨ)「はい、ありません」か、아뇨, 있어요. (アニョ, イッソヨ)「いいえ、あります」。

PCは「パソコン」、방 (バン) は「部屋」、あわせてPC방 (PCバン) でネットカフェ。「いません・ありません」の없어요. だね。

miniテスト

下線部にハングルを入れて文を完成させましょう。

学生ですか?
① **ムニダ体** 학생_____?
ハクセン

携帯電話ありませんか? [携帯電話 핸드폰 (ヘンドゥポン)]
② **ヨ体** 핸드폰 _____?
ヘンドゥポン

答え：❶입니까 ❷없어요

ソラとブー子のはじめての文法 ②
「助詞」編

韓国語にも日本語と同様にたくさんの助詞が
あるよ。同じ意味でも、直前の文字の形によっ
て変わることもあるので要注意……。

※コソクトロガ　ムリョ……
（高速道路が無料……）

わー、今、字幕なしで
聞き取れた！

「高速道路が」の「が」って
日本語と同じ「ガ」なのね。

いいところに
気づいたね！

じゃあ、「カルビがム
リョ」「サムギョプサ
ルがムリョ」って言っ
ても通じるのかしら？

カルビはいいけど、
サムギョプサルは
ダメなんだ。

カルビには最後にパッチムがないけれ
ど、サムギョプサルにはパッチムがある
でしょ。だから助詞が変わるんだよ！

※ 고속도로가 무료……
　コウソクトロガ　ムリョ……

まとめて覚えよう！②

助詞

| ～は | パッチムなし | 는
ヌン | ～が | パッチムなし | 가
カ | P32～33 |
| | パッチムあり | 은
ウン | | パッチムあり | 이
イ | |

～と	パッチムなし	와 ワ	～に	パッチム関係なし	에 エ	P34～35
	パッチムあり	과 クァ				
	パッチム関係なし	하고 ハゴ	～（人）に	パッチム関係なし	에게 エゲ	

| ～の | パッチム関係なし | 名詞＋의
エ | P36～37 |

| ～も | パッチム関係なし | 名詞＋도
ト |

| ～より | パッチム関係なし | 名詞＋보다
ポダ |

| ～で | パッチム関係なし | 場所＋에서
エソ | P38～39 |

| ～を | パッチムなし | 名詞＋를
ルル |
| | パッチムあり | 名詞＋을
ウル |

～は・～が をマスター！

助詞をすらすら使ってみたい①

韓国語にも「私は」の「～は」や、「彼氏が」の「～が」にあたる助詞があるんだ。

意味やニュアンスは日本語とほとんど同じだよ。

ただし、直前の文字にパッチムがあるかないかで形が変わることに注意しよう。

直前の文字の パッチムで変化！ CHECK!

これ だけは 覚えよう！

	パッチムなし	パッチムあり
～は	는 ヌン	은 ウン
～が	가 カ	이 イ

～は パッチムなし の場合

よ～く 見て みよう！

助詞は前の単語にピタリとつける

私 は　会社員　です。

저는 회사원입니다.

パッチムなし　チョヌン　助詞　フェサウォ ンイ ムニダ

主語(パッチムなし) ＋ 는

主語にパッチム がないときの助 詞「は」は 는(ヌン)。

復習これだけフレーズ⑤　私はまだ恋人がいません。 ▶▶▶

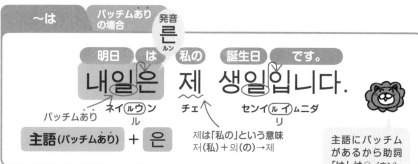

~は　　パッチムあり の場合　　発音 른（ルン）

明日　は　私の　誕生日　です。

내일은 제 생일입니다.

パッチムあり　ネイルウン（ル）　チェ　センイル（イ）ムニダ　リ

主語(パッチムあり) ＋ 은

제は「私の」という意味
저(私)＋의(の)→제

主語にパッチム があるから助詞 「は」は은（ウン）。

~が　　パッチムなし の場合

オッパ　が　私の　すべて　です。

오빠가 제 전부입니다.

パッチムなし　オッパガ　チェ　チョンブイムニダ

主語(パッチムなし) ＋ 가

가(ガ)の発音は 日本語と ほとんど変わらない

전부（チョンブ） は漢字で書く と「全部」だよ。

~が　　パッチムあり の場合　　発音 미（ミ）

関心　が　ありません。

관심이 없어요.

パッチムあり　クァンシ（ム イ）　オプソヨ
　　　　　　　　　　　ミ

主語(パッチムあり) ＋ 이

이(イ)「が」は直前の パッチムの音になる

助詞「が」は主語の パッチムある・なし で이（イ）か가（カ） になるんだね。

下線部にハングルを入れて文を完成させましょう。　**miniテスト**

私は主婦です。［主婦 주부（チュブ）］

❶ **저___ 주부입니다.**
　　チョ　　　チュブイムニダ

夢があります。［夢 꿈（ックム）］

❷ **꿈___ 있어요.**
　　ックム　　イッソヨ

ヒント！
主語にパッチムがある か・ないかに注目して！

答え：❶は　❷이

LESSON 6

音声 **12**

〜と・〜にをマスター！

助詞をすらすら使ってみたい②

「あなたと私」の「〜と」にあたる助詞は와（ワ）と言うよ。
でも、直前の文字にパッチムがあると과（クァ）になるから注意。
「東京にいます」「3時に行きます」の「〜に」にあたる助詞は에（エ）だよ。
ただし、「誰々に」などと人につく場合の「〜に」は에게（エゲ）と言うよ。

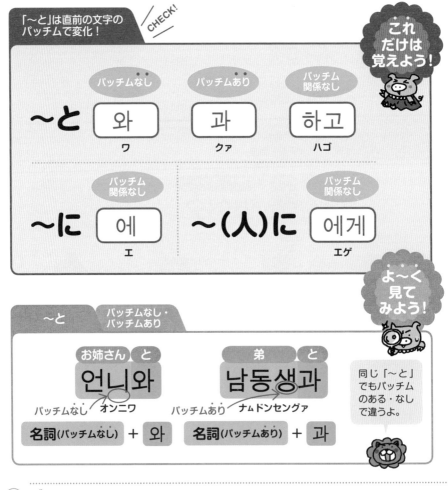

「〜と」は直前の文字の
パッチムで変化！　　CHECK!

これ
だけは
覚えよう！

パッチムなし	パッチムあり	パッチム関係なし
〜と 와	과	하고
ワ	クァ	ハゴ

パッチム関係なし		パッチム関係なし
〜に 에	〜(人)に	에게
エ		エゲ

よ〜く
見て
みよう！

〜と	パッチムなし・パッチムあり

お姉さん と
언니와
パッチムなし　オンニワ

弟 と
남동생과
パッチムあり　ナムドンセングァ

同じ「〜と」
でもパッチム
のある・なし
で違うよ。

名詞(パッチムなし) ＋ 와　　名詞(パッチムあり) ＋ 과

　復習これだけフレーズ⑥　私にはオッパの歌が最高です。 ▶ ▶ ▶

～と ｜ パッチム関係なし

ハンバーガー と	コーラ と	チキン と
햄버거하고	콜라하고	치킨하고
ヘムボゴハゴ	コルラハゴ	チキンハゴ
パッチムなし	パッチムなし	パッチムあり

名詞 ＋ 하고

口語では하고をよく使うよ。パッチムがあってもなくても使えるから簡単！

～に ｜ パッチム関係なし

発音
네
ネ

彼女 は	日本 に	います。
여자 친구는	일본에	있어요.
ヨチャチングヌン	イルボ(ンエ)ネ	イッソヨ
	パッチムあり	

パッチムがあってもなくても助詞「に」は에 (エ)。

名詞 ＋ 에

直前の文字にパッチムがあれば에はその音になる

～(人)に ｜ パッチム関係なし

お兄さん に	プレゼント が	あります。
오빠에게	선물이	있어요.
オッパエゲ	ソンムリ	イッソヨ
パッチムなし パッチムあり		

人 ＋ 에게

---

miniテスト

下線部にハングルを入れて文を完成させましょう。

妹と弟がいます。

❶ 여동생＿＿ 남동생이 있어요.
　　ヨドンセン　　　　ナムドンセンイ　イッソヨ

家には犬がいます。 [犬 개 (ケ)]

❷ 집＿＿는 개가 있어요.
　　チプ　ヌン　ケガ　イッソヨ

「～には」という場合には「に」에 (エ)＋「は」는 (ヌン) で、「には」は에는 (エヌン) となるよ。

答え：❶과 ／ 하고　❷에

저에게는 오빠 노래가 최고예요.
チョエゲヌン　オッパ　ノレガ　チェゴエヨ

〜の・〜も・〜よりをマスター!

助詞をすらすら使ってみたい③

「姉のタイプ」の「〜の」にあたる助詞は의 (エ) と言うよ。
また、「彼もイケメン」の「〜も」にあたる助詞は도 (ト)、
「お金より時間」のようなときの「より」は보다 (ポダ) と言うよ。

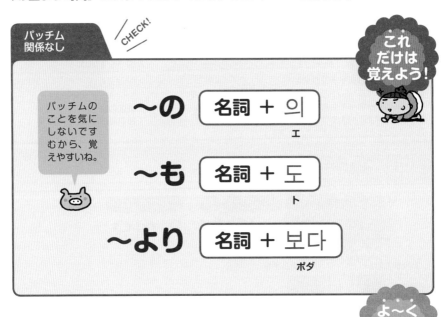

パッチム
関係なし

CHECK!

これ
だけは
覚えよう!

パッチムの
ことを気に
しないです
むから、覚
えやすいね。

〜の	名詞 + 의 エ
〜も	名詞 + 도 ト
〜より	名詞 + 보다 ポダ

よ〜く
見て
みよう!

〜の

先輩 は お姉さん の 理想のタイプ です。

선배는 언니의 이상형이에요.
ソンベヌン　オンニエ　　イサンヒョンイエヨ

名詞 + 의

文字通り発音すると"ウィ"だけれど、
「〜の」という意味の助詞の場合は"エ"と発音

復習これだけフレーズ⑦ うちのお母さんもオッパのファンです。 ▶▶▶

～の

医師 の 不注意。

의사의 부주의.

ウィサエ プチュイ

文頭では"ウィ"と発音 「～の」という助詞のときは "エ"と発音 文中では"イ"になる

의は文中では「イ」と発音するよ。また「～の」という助詞のときは「エ」という発音になるよ。

～も

私 も 初めて です。

나도 처음이에요.

ナド チョウムイエヨ
　　　　　　 ミ

名詞 + 도

나（ナ）は 저（チョ）「私」をややラフに言った形で「僕」とか「あたし」のようなニュアンスになるよ。

～より

発音 리 リ

発音 니 ニ

写真 より 実物 が 美人 です。

사진보다 실물이 미인이에요.

サヂンボダ シルムルイ ミインイエヨ
　　　　　　　　 リ　　　　　　 ニ

名詞 + 보다

パッチムあり パッチムあり

下線部にハングルを入れて文を完成させましょう。

私もオッパのファンです。

❶ 저＿＿＿ 오빠＿＿＿ 팬이에요.
　 チョ　　　　　 オッパ　　　　　 ペニエヨ

男は性格より顔です。 [性格 성격（ソンキョク）、顔 얼굴（オルグル）]

❷ 남자는 성격＿＿＿ 얼굴이에요.
　 ナムヂャヌン　 ソンキョク　　　　　 オルグリエヨ

答え：❶도, 의 ❷보다

우리 엄마도 오빠의 팬이에요. **37**
ウリ オムマド オッパエ ペニエヨ

〜で・〜ををマスター！

助詞をすらすら使ってみたい④

「免税店でショッピングします」や「韓国語を勉強します」というときの、「〜で」という助詞は에서（エソ）、「〜を」という助詞は를（ルル）と言うよ。

CHECK!

「〜を」は直前の文字のパッチムで変化！

これだけは覚えよう！

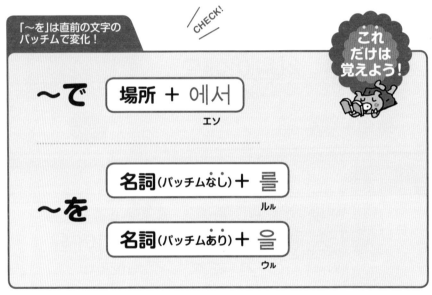

| 〜で | 場所 ＋ 에서 |

エソ

| 〜を | 名詞（パッチムなし）＋ 를 |

ルル

| 名詞（パッチムあり）＋ 을 |

ウル

よ〜く見てみよう！

〜で　　パッチム関係なし

発音 메 ×

助詞は名詞の後にピッタリつける

免税店　で　　ショッピングします。

면세점에서 쇼핑해요.

パッチムあり　　ミョンセチョム エソ　　　ショピンヘヨ
×

名詞（場所）＋ 에서

「〜で」はパッチムある・なしに関係なく에서（エソ）だよ。

復習これだけフレーズ⑧　ときどき夢でオッパとチューをします。 ▶▶▶

~で パッチム関係なし

発音 네 (ネ)

助詞の後はスペースあける

日本 ～で | 勉強していますか?

일본에서 ○ 공부해요?

イルボ ン エ ソ
ネ

コンブヘヨ

名詞(場所) + 에서

名詞+합니다／해요.＝特定の動詞
공부「勉強」+해요?「しますか?」

~を パッチムありの場合

発音 늘 (ヌル)

両替 を しますか?

환전을 해요?

パッチムあり

ファンジョ ン ウ ル
ヌ

ヘヨ

主語(パッチムあり) + 을

主語にパッチムがあるから을(ウル)になるんだね。

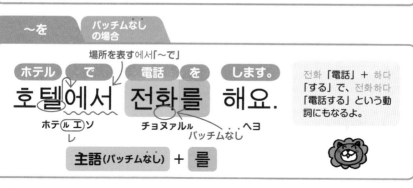

~を パッチムなしの場合

場所を表す에서「～で」

ホテル で 電話 を します。

호텔에서 전화를 해요.

ホテ ル エ ソ
レ

チョ ヌ ァ ル ル
パッチムなし

ヘヨ

主語(パッチムなし) + 를

전화「電話」+ 하다「する」で、전화하다「電話する」という動詞にもなるよ。

下線部にハングルを入れて文を完成させましょう。

miniテスト

学校で勉強します。

❶ 학교 _____ 공부합니다.

ハッキョ コンブハムニダ

ヒント!

❷は主語のパッチムある・なしに注目して!

市場で見物をします。[見物 구경 (クギョン)]

❷ 시장 _____ 구경 _____ 해요.

シチャン クギョン ヘヨ

答え：❶에서 ❷에서,을

韓国語で擬態語を覚えよう!

ゴロゴロとかブクブク……韓国ではなんて言うんだろう!?

 「ブタが家で**ゴロゴロ**」て言うときの
ゴロゴロはなんて言うの?

 빈둥빈둥.
ピンドゥンピンドゥン

 じゃあ、「**ブクブク**に太った」は?

 뒤룩뒤룩.
ティルクティルク

 なんで私の方を見ながら聞くのよ(怒)。もっと感じの良い言葉はないの?
……たとえば、「**モグモグ**食べる」とか?

 냠냠.
ニャムニャム

 ブー子の場合、むしろ**バリボリ**でしょ。

 それだったら、**와구와구** だな。
ワグワグ

 「**ごくごく**飲む」は?

 꿀꺽꿀꺽.
ックルッコックルッコク

 むしろ、**ガブガブ**じゃないの?

 벌컥벌컥 だ!
ボルコクボルコク

 ちょっと! まるで私が動物か何かみたいじゃない!

 動物じゃなくて、何なのよ!

わあわあぎゃあぎゃあ
고래고래. 고래고래.
コレゴレ　　　　　　　　コレゴレ

 2人ともそんなにいがみ合わずに、
もっと「**ニコニコ**」생글생글 しなきゃ。
セングルセングル

2日目 レベル2
「数字＆発音」を クリア！

7 DAYS YURU BUNPOU * 2ND DAY LEVEL2

韓国に旅行するのなら、
数字を覚えておくと、とっても役立つよ！
ショッピングや時間を尋ねるときに使ってみよう。
また、発音についても学ぶよ。文字どおりに発音しない、
韓国語特有のルールを覚えちゃおう！

韓国語には漢数詞と固有数詞という2パターンの数字があるよ。数字を覚えておけば、旅行で役立つはずだけれど、さて2人の場合は……。

まとめて覚えよう！③

 数字

P44～45

十までの漢数詞

一	二	三	四	五	六	七	八	九	十
일	이	삼	사	오	육	칠	팔	구	십
イル	イ	サム	サ	オ	ユク	チル	パル	ク	シプ

P46～47

いくら？

ムニダ体 　얼마 ＋ 입니까？
　　　　　　 オルマ 　 イムニッカ
（いくら）（ですか？）

ヨ体 　얼마 ＋ 예요？
　　　　 オルマ 　 エヨ
（いくら）（ですか？）

百以上の漢数詞

百	千	万	億	兆
백	천	만	억	조
ペク	チョン	マン	オク	チョ

漢数詞で使う助数詞・単位

ウォン	人分	回	番	年	分	秒	度
원	인분	회	번	년	분	초	도
ウォン	インブン	フェ	ポン	ニョン	プン	チョ	ト

P48～49

固有数詞

1つ	2つ	3つ	4つ	5つ	6つ	7つ	8つ	9つ	10
하나	둘	셋	넷	다섯	여섯	일곱	여덟	아홉	열
ハナ	トゥル	セッ	ネッ	タソッ	ヨソッ	イルゴプ	ヨドル	アホプ	ヨル

20	30	40	50	60	70	80	90
스물	서른	마흔	쉰	예순	일흔	여든	아흔
スムル	ソルン	マフン	シュィン	イェスン	イルン	ヨドゥン	アフン

P50～51

時計の読み方

「～時」固有数詞＋시
　　　　　　　　　シ

「～分」漢数詞＋분
　　　　　　　　ブン

漢数詞をマスター！

「いち、に、さん……」は漢数詞

韓国語の数字は「漢数詞」と「固有数詞」の２種類があるんだよ。ここでは中国から漢字と一緒に伝わった漢数詞を学ぶよ。漢数詞は「年月日」「金額」「重さ」「建物の階数」などに使えるよ！

CHECK!

これだけは覚えよう！

一	二	三	四	五	六	七	八	九	十
일	이	삼	사	오	육	칠	팔	구	십
イル	イ	サム	サ	オ	ユク	チル	パル	ク	シプ

よ～く見てみよう！

23 이（イ） ＋ 십（シプ） ＋ 삼（サム） ➡ 이십삼（イシプサム）

[二]＋[十]＋[三] ➡ [二十三]

数字の読み方は日本語と一緒。
大きい桁から漢字の順に読んでいけば韓国語の数字になるよ。

 16の発音は例外的に文字とは異なっているから注意して。

 1、2、5は子音が ○ だから、直前のパッチムと連音化することに気をつけて。

16 십육（シムニュク） [十][六]

75 칠십오（チル シプオ）ボ ←子音 [七][十][五]

 日付の「月」は월（ウォル）。6月と10月は慣用的に次のように変わるよ。

6月 육월 ➡ 유월（ユウォル）

10月 십월 ➡ 시월（シウォル）

復習これだけフレーズ⑨ 私の誕生日は３月９日です。 ▶▶▶

ファイティン

下線部にハングルを入れて文を完成させましょう。

① ` 4 ` 月 ` 9 ` 日 ` です。 `

_____ 월 _____ 일입니다.
ウォル　　　　　イリムニダ

4月9日です。

> 「日」の韓国語の発音は일（イル）。

 월（ウォル）「月」も일（イル）「日」も子音の○が数字のパッチムと連音化するよ。

② ` カルビ ` ` 3 ` ` 人分！ `

갈비 _____인분！
カルビ　　　　インブン

カルビ3人分！

> カルビやプルコギなどの焼肉は인분「人分」と数えるよ。

 カルビは2人分以上じゃないと注文を受け付けてもらえないよ。

③ ` 8 ` 階 ` は ` ` フードコート ` ` です。 `

_____ 층은 푸드코트입니다.
チュンウン　　　プドゥコトゥイムニダ

8階はフードコートです。

> 「階」は漢字で「層」と書いて층（チュン）と発音するよ。

④ ` 気温 ` ` は ` ` 26 ` ` 度 ` ` です。 `

기온은 _____도입니다.
キオヌン　　　　　　ドイムニダ

気温は26度です。

 「度」の韓国語の発音は도（ト）。日本語と同じだね。

答え：**①**사, 구 **②**삼 **③**팔 **④**이십육

いくらという疑問詞、漢数詞の助数詞をマスター！

これで値段交渉もバッチリ

音声
16

日本語では「1 個」「2 人分」「100 円」「37 度」のように、
数えるものによって助数詞や単位が決まっているよね。韓国語でも同じだよ。
「いくら？」という疑問詞もあわせて覚えておけば、ショッピングのときに使えるね。

いくら？

いくら	ですか？
ムニダ体	얼마 + 입니까?
	オルマ　イムニッカ

いくら	ですか？
ヨ体	얼마 + 예요?
	オルマ　エヨ

百以上の漢数詞

百	千	万	億	兆
백	천	만	억	조
ペク	チョン	マン	オク	チョ

これ
だけは
覚えよう！

漢数詞で使う助数詞・単位

ウォン	人分	回	番	年	分	秒	度
원	인분	회	번	년	분	초	도
ウォン	インブン	フェ	ポン	ニョン	プン	チョ	ト

46　復習これだけフレーズ⑩　電話番号は090-1234-××××番です。　▶▶▶

よ～く
見て
みよう！

100以上の漢数詞

| 千 | 五 | 百 | ウォン | です。 |

천 오백원입니다.

チョ**ン** オベ**ク**ウォ**ンイ**ムニダ
　　　ノ　　　　グ　　　ニ

　発音注意！

ウォンは○で始まるから、백(ペク)「百」、천(チョン)「千」、만(マン)「万」のパッチムと必ず連音化(54ページ参照)する

100以上の漢数詞

| 万 | 八千 | ウォン | です。 |

만 팔천원입니다.

マン　　パルチョ**ンウォンイ**ムニダ
　　　　　　　ヌ　　　ニ

訳は「1万8千ウォンです」となるよ。

日本語では1万は「イチマン」と言うけれど、韓国語では「イチ」は言わずに、そのまま「マン」

助数詞

「0」は普通は영(ヨン)だけど、電話番号などでは공(コン)

| 090 | の | 34××× | 番 | です。 |

090 - 34××× 번이에요.

コングゴンエ　　サムサ×××　　ボ**ンイ**エヨ
　　　　　　　　　　　　　　　　　ニ

これは日本語と同様に、의(エ)「の」と読む

電話番号は번(ポン)「番」

---

miniテスト

下線部にハングルを入れて文を完成させましょう。

58000ウォンです。

❶ ＿＿＿ ＿＿＿ ＿＿＿ ＿＿＿ 원입니다.
　　　　　　　　　　　　　　　　　ウォニムニダ

プルコギ2人分です。

❷ 불고기 이＿＿＿＿이에요.
　プルゴギ　イ　　　　　イエヨ

答え：❶오 만 팔 천 ❷인분

固有数詞をマスター！

「1つ、2つ、3つ……」は固有数詞

日本語の「1つ」「2つ」……のように、漢数詞が伝わる前から使っていたといわれる
固有数詞を学ぶよ。「年齢」「枚数」「人数」「個数」などを数えるときに使うよ。

これだけは覚えよう！

ひとつ 1つ 하나 ハナ	ふたつ 2つ 둘 トゥル	みっつ 3つ 셋 セッ	よっつ 4つ 넷 ネッ	いつつ 5つ 다섯 タソッ
むっつ 6つ 여섯 ヨソッ	ななつ 7つ 일곱 イルゴプ	やっつ 8つ 여덟 ヨドル	ここのつ 9つ 아홉 アホプ	とお 10 열 ヨル

20 스물 スムル	30 서른 ソルン	40 마흔 マフン	50 쉰 シュィン
60 예순 イェスン	70 일흔 イルン	80 여든 ヨドゥン	90 아흔 アフン

※固有数詞は99までしかないので、100以上の数は漢数詞で表す

11以上の数

11以上の数は、10ごとの数に1つ～9つの数字を組み合わせて表すよ。

数字の間はくっつける

90 → 9つ

99 아흔아홉
アフ ン ア ホプ
ナ

よ～く見てみよう！

  復習これだけフレーズ⑪　年齢は21歳です。　▶▶▶

하나 (ハナ)「**1つ**」、**둘** (トゥル)「**2つ**」、**셋** (セッ)「**3つ**」、**넷** (ネッ)「**4つ**」、
스물 (スムル)「**20**」の5つは助数詞（個、歳などの単位）がつくと、形が以下のように変化するよ。

하나→한	둘 → 두	셋 → 세	넷 → 네	스물→스무
ハナ　ハン	トゥル　トゥ	セッ　セ	ネッ　ネ	スムル　スム
1つ	**2つ**	**3つ**	**4つ**	**20**

助数詞の前は必ずあける

よく使う助数詞

～個	개 (ケ)
～枚	장 (チャン)
～本 (瓶の本数)	병 (ビョン)
～杯	잔 (チャン)
～冊	권 (クォン)
～台	대 (テ)
～着	벌 (ボル)

20歳

20 **歳**

스무○살 ←「歳」は살(サル)
数字の後に
そのままつける

スム　　サル

2人

2 **名**

두 **명** ← 人を数えるときは
「名」という漢字で명(ミョン)

トゥ　　ミョン

 人数を数えるときは「人」という単語사람 (サラム)
を使うこともあるよ。丁寧に言うときは、분 (ブン)「方」
を使って、두 분 (トゥブン)「御二方」に。

注意！ 普通は助数詞の前は두 번 (二度、二回)とあけるけれど、
한번は「一度」という1つの単語として扱うからつける

再び **一度**

もう一度 **다시 한번**

タシ　　ハンボン

下線部にハングルを入れて文を完成させましょう。

1人です。

____ **명입니다.**
　　 ミョンイムニダ

答え：한

나이는 스물한 살입니다.
ナイヌン　スムラン　サリムニダ

時計の読み方をマスター！

時刻を確認しておかなきゃ！

基本的に何かを数えるときは、対象によって漢数詞、
固有数詞のどちらで数えるかが決まっているよ。
韓国語で時刻を表すときは、固有数詞と漢数詞の両方を使うよ。

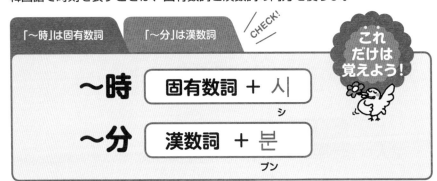

「〜時」は固有数詞　　「〜分」は漢数詞　　CHECK！

これだけは覚えよう！

| 〜時 | 固有数詞 ＋ 시 (シ) |
| 〜分 | 漢数詞 ＋ 분 (プン) |

時刻の読み方①

よ〜く見てみよう！

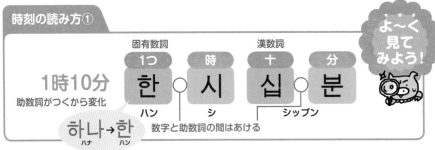

1時10分
助数詞がつくから変化

固有数詞	時	漢数詞	分
1つ	時	十	分
한 (ハン)	시 (シ)	십 (シップン)	분

하나 (ハナ)→한 (ハン)

数字と助数詞の間はあける

時刻の読み方②

午後12時半

| | 午後 | 固有数詞 10 2つ | 時 | 半 |
| | 오후 (オフ) | 열두 (ヨルトゥ) | 시 (シ) | 반 (バン) |

둘 (トゥル)→두 (トゥ)

둘 (トゥル)「2つ」は後ろに
助数詞があるから変化

「半」は반 (バン)。
日本語と同じ漢字の「半」

「11時」だったら열한 시 (ヨルン シ)。「午前」だったら오전 (オチョン) だよ。

復習これだけフレーズ⑫　**オッパのドラマは毎日1時からやります。** ▶▶▶

時計のイラストを見てハングルを書き込みましょう。

2日目 LESSON 4

今何時ですか？

지금 몇 시예요?
チグム　　　ミョッシエヨ

えーと……

①

時
___ 시

---

②

時　　　　分
___ 시 ____ 분

③

時　　　　分
___ 시 ____ 분

---

④

時　　　　分
___ 시 ____ 분

⑤

時
___ 시 ____

오빠의 드라마는 매일 한 시부터 해요.
オッパエ　ドゥラマヌン　メイル　ハン　シブト　ヘヨ

「発音①」編

ドラマの主人公の名前が、苗字がつくかどうかで発音が変わることに気づいたソラちゃん。一緒に発音の有声音化について学ぼう！

さっきから、なんでこの人の名前、チュンサンになったり、ヂュンサンになったりするのかな？

さあ、
あだ名かな？

さっきから聞いてると苗字と一緒に言うと、たいていヂュンサンみたい。なんかルールがあるのかな。

フルネームだと、「カンヂュンサン」。
名前だけだと「チュンサン」……。

それは発音の有声音化！
강준상（カン ヂュン サン）の ○と ㅈ に注目！

54ページを見てね！

まとめて覚えよう！④

発音①有声音化・連音化・流音化・濃音化

P54〜55

有声音化
（ゆうせいおんか）

> ㄱ・ㄷ・ㅂ・ㅈは、直前に
> 母音やパッチムㄴ・ㅁ・ㄹ・ㅇがあると濁音になる。

肉　　コ　　　キ　　　　　　コギ
　　고＋기　→　고기

連音化
（れんおんか）

> パッチムの直後に子音のㅇがくると、
> ㅇはパッチムの音で発音される。

　　　　ヨン　　　エ　　　　ヨネ　　　　発音通りのスペル
恋愛　연＋애　→　연애　　　　여내

流音化
（りゅうおんか）

P56〜57

> ㄴとㄹの音が連続すると、
> どちらもㄹの音になる。

　　　　ヨン　　　ラク　　　　ヨルラク　　　発音通りのスペル
連絡　연＋락　→　연락　　　　열락

濃音化
（のうおんか）

> ㄱ・ㄷ・ㅂ・ㅅ・ㅈは、その直前にㄱ・ㄷ・ㅂの音のパッチムがある場合、
> 濃音化して、それぞれㄲ・ㄸ・ㅃ・ㅆ・ㅉの音で発音される。

　　　　ハク　　　キョ　　　　ハッキョ　　　発音通りのスペル
学校　학＋교　→　학교　　　　하꾜

有声音化と連音化をマスター！

「家具」は"カク"ではなく"カグ"だよ

ハングルは前後の組み合わせによって発音が文字と異なることがあるよ。
語中で濁る有声音化、子音がパッチムの音になる連音化は必ず覚えておこう。

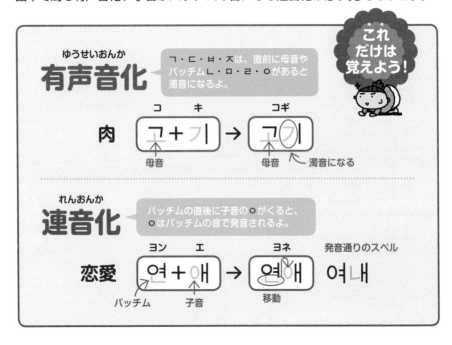

これ
だけは
覚えよう！

ゆうせいおんか
有声音化

ㄱ・ㄷ・ㅂ・ㅈは、直前に母音やパッチムㄴ・ㅁ・ㄹ・ㅇがあると濁音になるよ。

コ　キ　　　　　　コギ

肉　　ㄲ ＋ 기 → ㄲ기

母音　　　　　　母音　　濁音になる

れんおんか
連音化

パッチムの直後に子音のㅇがくると、ㅇはパッチムの音で発音されるよ。

ヨン　エ　　　　　　ヨネ　　　発音通りのスペル

恋愛　연 ＋ 애 → 연애　　여내

パッチム　子音　　　移動

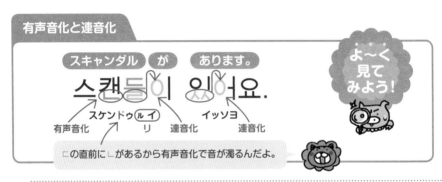

有声音化と連音化

スキャンダル　が　　あります。

스캔들이 있어요.

有声音化　スケンドゥ　ル　イ　　イッソヨ　　連音化
　　　　　　　　　リ　連音化

ㄷの直前にㄴがあるから有声音化で音が濁るんだよ。

FIGHTING!
ファイティン

有声音化する単語と連音化する単語を選び出し、
それぞれ読み方もカタカナで [　　] 内に記しましょう。

❶ 기자 「記者」
[　　　　]

❷ 없어요 「ありません」
[　　　　]

❸ 실연 「失恋」
[　　　　]

❹ 부부 「夫婦」
[　　　　]

❺ 화장실 「トイレ」
[　　　　]

❻ 안에 「中に」
[　　　　]

❼ 아버지 「お父さん」
[　　　　]

❽ 음악 「音楽」
[　　　　]

❾ 한국어 「韓国語」
[　　　　]

❿ 가구 「家具」
[　　　　]

解答欄 memo

有声音化の単語

連音化の単語

ヒント！

パッチムのㄱ（カ行）、ㄷ（タ行）、ㅂ（パ行）、
ㅈ（チャ行）があったら有声音化に注意して！
有声音化と連音化の両方が入った単語もあるよ。

「パッチム＋子音のㅇ」がきたら連音化だよ。
②の없어요「ありません」のようにパッチム
が２つのときは、直後に母音がくると左側の
ㅂをパッチムとして発音して、右側のㅅは次
の母音と連音化するよ。

答え：
有声音化 ❶기자キチャ ❹부부ブブ ❺화장실ファチャンシル ❼아버지アボチ ❾한국어ハングゴ ❿가구カグ
連音化 ❷없어요オプソヨ ❸실연シリョン ❻안에アネ ❽음악ウマク ❾한국어ハングゴ

취미는 음악 감상이에요.
チュィミヌン　　ウマッカムサンイエヨ

LESSON 6

流音化と濃音化をマスター！

「韓流」は"ハンリュ"じゃなくて"ハルリュ"だよ

ㄴとㄹがどちらもㄹの音になる流音化と、
パッチムの直後で濃音になる濃音化を学ぶよ。

これ
だけは
覚えよう！

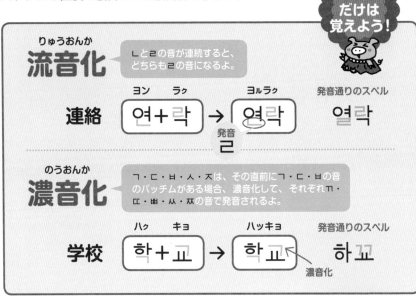

りゅうおんか
流音化

ㄴとㄹの音が連続すると、どちらもㄹの音になるよ。

連絡
ヨン ラク
연 + 락

ヨルラク
→ 열락
発音
ㄹ

発音通りのスペル
열락

のうおんか
濃音化

ㄱ・ㄷ・ㅂ・ㅅ・ㅈは、その直前にㄱ・ㄷ・ㅂの音のパッチムがある場合、濃音化して、それぞれㄲ・ㄸ・ㅃ・ㅆ・ㅉの音で発音されるよ。

学校
ハク キョ
학 + 교

ハッキョ
→ 학꾜
濃音化

発音通りのスペル
하꾜

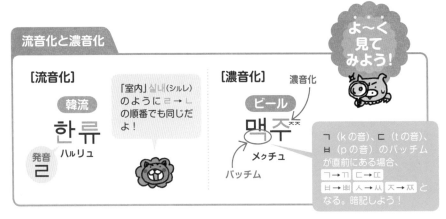

流音化と濃音化

よ～く
見て
みよう！

[流音化]

韓流
한류
発音
ㄹ
ハルリュ

「室内」실내（シルレ）のようにㄹ→ㄴの順番でも同じだよ！

[濃音化]

濃音化
ビール
맥주
パッチム
メクチュ

ㄱ（kの音）、ㄷ（tの音）、ㅂ（pの音）のパッチムが直前にある場合、
ㄱ→ㄲ ㄷ→ㄸ
ㅂ→ㅃ ㅅ→ㅆ ㅈ→ㅉ と
なる。暗記しよう！

ファイティン

流音化する単語と濃音化する単語を選び出し、
それぞれ読み方もカタカナで [　　] 内に記しましょう。

❶ 일년「一年」
[　　　　]

❷ 다섯 잔「5杯」
[　　　　　　]

❸ 설날「正月」
[　　　　]

❹ 팥빙수「パッピンス」
[　　　　]

❺ 식당「食堂」
[　　　　]

❻ 편리「便利」
[　　　　]

❼ 국밥「クッパ」
[　　　　]

❽ 스물네살「24歳」
[　　　　　　]

❾ 막걸리「マッコリ」
[　　　　]

❿ 관람「観覧」
[　　　　]

解答欄 memo

流音化の単語

濃音化の単語

ヒント！

音が消えるパッチムㄱ（kの音）・ㄷ（tの音）・
ㅂ（pの音）がきたら要注意！次の音がㄱ・ㄷ・
ㅂ・ㅅ・ㅈなら、濃音になるんだね。

ㄹとㄴが続いたら流音化。あんまりない単語
だから気をつけて！

答え：流音化 ❶일년イルリョン ❸설날ソルラル ❻편리ピョリ ❽스물네살スムルレサル ❿관람クアルラム
濃音化 ❷다섯 잔タソッチャン ❹팥빙수パッピンス ❺식당シクタン ❼국밥クッパプ ❾막걸리マッコルリ

오빠의 곡은 국경이 없어요.
オッパエ　コグン　クッキョンイ　オプソヨ

57

韓国語で動物の鳴き声を覚えよう！

ブタの鳴き声は日本語では「ブーブー」。
じゃあ、韓国語では？

 韓国のブタはなんて鳴くのかしら？
仲間について勉強しなきゃ！

 もちろん韓国語で鳴くよ。

 え！　豚はどこの国でも「ブーブー」じゃないの！？

 꿀꿀.
ックルックル

 えっそんなに違うの！
異文化コミュニケーションもできないじゃん。

 ほかに日本語と違うところでは……。

멍멍. これは犬の鳴き声。
モン　モン

だから、子どもは犬のことを
「ワンちゃん」という感じで、　멍멍이　と呼んだりするよ。
モンモンイ

じゃあ、개골개골 は？
ケゴル　ゲゴル

 「ゲコゲコ」とちょっと似てる！　カエルね！

 쩍쩍. これはネズミ。
ッチクッチク

 通訳が必要になりそう！

 ネコは 야옹.　ウシは 음매.　羊は 매에.
ヤオン　　　　ウムメ　　　　　メエ

 このくらいならなんとなく通じるかもね。

 動物もたいへんね。他人事じゃないけど……。
꿀꿀꿀꿀！！
ックルックルックルックル

3日目 レベル3
「こそあど＆発音」を
クリア!

韓国語の「これ」「あれ」「それ」など、「こそあど言葉」を
覚えておけば、食事のときやショッピングで役立つよ!
発音では鼻音化のルールを学ぶよ。「アンニョンハシプニカ」が、
なぜ「アンニョンハシムニッカ」になるのか、
覚えておいてね!

「これ」「それ」「あれ」を覚えておけば、ショッピングやレストランでの注文時に使えそう。ライオン先生の解説をしっかり聞いてみて！

イゴ？

「これ」は「イゴ」って言うのね。

イは「この」、クは「その」、チョは「あの」のことだよ。

へえ〜 !!
「イゴ」「クゴ」「チョゴ」かあ。「ゴ」はみんな同じだね。

イゴ（これ）
イクゴ（それ）
イクチョゴ（あれ）

使い方は
近く イ→ク→チョ 遠く
覚えてね。

「イ」、「ク」、「チョ」って覚えやすいかも〜。

よ〜しっ

「こそあど言葉」の勉強に
イクヂョー！
（行くゾ）

まとめて覚えよう！⑤

指示代名詞

P62〜63

この	이 イ	その	그 ク
あの	저 チョ	どの	어느 オヌ

P64〜65

これ	이것 イゴッ	ここ	여기 (이곳) ヨギ　イゴッ
それ	그것 クゴッ	そこ	거기 (그곳) コギ　クゴッ
あれ	저것 チョゴッ	あそこ	저기 (저곳) チョギ　チョゴッ

P66〜67

これは	이건 イゴン	これが	이게 イゲ
それは	그건 クゴン	それが	그게 クゲ
あれは	저건 チョゴン	あれが	저게 チョゲ

3日目

指示代名詞①をマスター!

韓国語の「こそあど言葉」を覚える

この歌手、その俳優、あのスター…、韓国語にも「こそあど言葉」があるよ。
規則的だからパターンさえ覚えれば簡単だよ。さあ、しっかりイクヂョ!

| パッチムで | リズムで |
| 変化なし | 覚える! |

CHECK!

これ
だけは
覚えよう!

この 이 + 名詞
　　　　　イ

その 그 + 名詞
　　　　　ク

あの 저 + 名詞
　　　　　チョ

どの 어느 + 名詞
　　　　　オヌ

上の3つとは形が違うけれど「こそあど言葉」の「ど」にあたる韓国語もあるよ。「どの」と言うときは、어느を使うよ。

例　어느 나라　どの国
　　オヌ　ナラ

ファイティン

下線部にハングルを入れて文を完成させましょう。

① (この) (カバン)
_____ 가방
ガバン
このカバン

② (その) (料理)
_____ 요리
ヨリ
その料理

③ (あの) (劇場)
_____ 극장
ククチャン
あの劇場

④ (この) (スカート) (いくら) (ですか？)
_____ 치마 얼마예요?
チマ　　オルマエヨ
このスカートはいくらですか？

⑤ (この) (ズボン) (と) (あの) (Tシャツ) (ください。)
_____ 바지하고 _____ 티셔츠 주세요.
バチハゴ　　　　　　ティショチュ　チュセヨ
このズボンとあのTシャツください。

⑥ (その) (コート(は)) (女性用) (ですか？)
_____ 코트 여성용이에요?
コトゥ　　ヨソンニョンイエヨ
そのコート女性用ですか？

⑦ (あの) (女優) (が) (その) (主人公) (ですか？)
_____ 여배우가 _____ 주인공이에요?
ヨベウガ　　　　チュインゴンイエヨ
あの女優がその主人公ですか？

答え：**①**이 **②**그 **③**저 **④**이 **⑤**이,저 **⑥**그 **⑦**저,그

LESSON 2

指示代名詞②をマスター！

「ここ」「あそこ」を覚えて、ソウルの街を歩こう

「こそあど言葉」には、
「これ」「それ」「あれ」のようなものを指す単語以外にも、
「ここ」「そこ」「あそこ」のように場所を示す言葉もあるよ。

これだけは覚えよう！

| パッチムで変化なし | リズムで覚える！ | CHECK! |

これ 이것
イゴッ

ここ 여기
ヨギ

それ 그것
クゴッ

そこ 거기
コギ

あれ 저것
チョゴッ

あそこ 저기
チョギ

「これ」「それ」「あれ」は、이 (イ)「この」、그 (ク)「その」、저 (チョ)「あの」に것 (コッ)「もの」がついているんだよ。

이곳「この場所」→ **ここ**
イゴッ

그곳「その場所」→ **そこ**
クゴッ

저곳「あの場所」→ **あそこ**
チョゴッ

「이」「그」「저」に것「もの」ではなく、発音が似ている곳 (コッ)「場所」がついたときは気をつけて！ それぞれ、이곳 (イゴッ)「ここ」、그곳 (クゴッ)「そこ」、저곳 (チョゴッ)「あそこ」となるよ。

復習これだけフレーズ⑯　私はここで毎日オッパを応援してます。　▶▶▶

下線部にハングルを入れて文を完成させましょう。

❶

直前のパッチムによって助詞은の発音が変化

これ ｜ は ｜ いくら ｜ ですか？

___은 얼마예요?
パッチム　ウン　　　オルマエヨ

ヒント！

助詞が은だから前の
単語の最後にはパッ
チムがあるよね！

これはいくらですか？

❷

あれ ｜ も ｜ ください。

___도 주세요.
　　　ト　　チュセヨ

あれもください。

❸

ここ ｜ が ｜ 南大門市場 ｜ ですか？

___가 남대문시장이에요?
　　　ガ　　ナムデムンシチャンイエヨ

ここが南大門市場ですか？

❹

観光案内所 ｜ は ｜ あそこ ｜ に ｜ あります。

관광안내소는 ___에 있어요.
クァングァンアンネソヌン　　　エ　イッソヨ

観光案内所はあそこにあります。

❺

そこ ｜ には ｜ 屋台 ｜ が ｜ たくさん ｜ あります。

___에는 포장마차가 많이 있어요.
　　　エヌン　ポチャンマチャガ　　マニ　イッソヨ

そこには屋台がたくさんあります。

ㅎの直後に○がくると、
ㅎの音はなくなる

答え：**❶**이것 **❷**저것 **❸**여기 **❹**저기／(저곳) **❺**거기／(그곳)

LESSON 3

指示代名詞③をマスター!

指示代名詞を省略してワンランクアップ

「こそあど言葉」に助詞がつくと、それぞれある特定の形に
スリム化して単語が短縮することが多いよ。

これ
だけは
覚えよう!

助詞がつくと スリム化する					スリム化
これは	이것+은 イゴッ　ウン	→	이것은 とる　←移動　とる	→	이건 イゴン
これが	이것+이 イゴッ　イ	→	이것이 とる　←移動　とる	→	이게 イゲ
それは	그것+은 クゴッ　ウン	→	그것은 とる　←移動　とる	→	그건 クゴン
それが	그것+이 クゴッ　イ	→	그것이 とる　←移動　とる	→	그게 クゲ
あれは	저것+은 チョゴッ　ウン	→	저것은 とる　←移動　とる	→	저건 チョゴン
あれが	저것+이 チョゴッ　イ	→	저것이 とる　←移動　とる	→	저게 チョゲ

FIGHTING!
ファイティン

下線部にハングルを入れて文を完成させましょう。

---

❶

あれは ／ チケット売り場 ／ です。

_____ 매표소예요.
　　　　　メピョソエヨ

あれはチケット売り場です。

> 「チケット売場」は漢字で「売票所」だよ。

---

❷

これは ／ 私の ／ 彼氏 ／ 写真 ／ です。

_____ 내 남자 친구 사진이에요.
　　　　ネ　ナムチャチング　連音化 サチン イエヨ

これは私の彼氏の写真です。

> 「彼氏の」の"の"は省略されているね。韓国語では会話の中でたびたび助詞が省略されるよ。

---

❸

それは ／ 秘密 ／ です。

_____ 비밀이에요.
　　　　連音化 ピミ ルイ エヨ
　　　　　　　リ

それは秘密です。

> 発音に気をつけて。

---

❹

それが ／ オッパ ／ メールアドレス ／ ですか？

「住所」

_____ 오빠 메일 주소 예요?
　　　　オッパ　メイルチュソエヨ

それがオッパのメアドですか？

> 「メール」＋「住所」で「メールアドレス」だよ。

---

❺

あれが ／ 割引 ／ 価格 ／ ですか？

_____ 할인 가격이에요?
　　　　連音化 ハ ルイン　連音化 カギョ クイ エヨ
　　　　　　　リ　　　　　　　　　ギ

あれが割引後の価格ですか？

答え： ❶저건 ❷이건 ❸그건 ❹그게 ❺저게

「発音②」編

ハングルを学んだソラちゃんたち。「안녕하십니까?」がどうして「アンニョンハシプニカ？」と発音しないのか疑問に思ったよ。

まとめて覚えよう！⑥

発音②鼻音化

鼻音化①

P70〜71

> ㄱ・ㄷ・ㅂの音のパッチムにㄴかㅁが続くと、
> パッチムはそれぞれㅇ・ㄴ・ㅁの音になる。

昔年　작 + 년 → 작년　장년
チャク　ニョン　チャンニョン　発音通りのスペル

昔　옛 + 날 → 옛날　옌날
イェッ　ナル　イェンナル　発音通りのスペル

します　합 + 니다 → 합니다　함니다
ハプ　ニダ　ハムニダ　発音通りのスペル

鼻音化②

P72〜73

> ㄱ・ㄷ・ㅂ・ㅁ・ㅇの音のパッチムにㄹが続くと、ㄹはㄴで発音される。
> また、ㄱ・ㄷ・ㅂの音のパッチムもそれぞれㅇ・ㄴ・ㅁで発音される。

暴露　폭 + 로 → 폭로　퐁노
ポク　ロ　ポンノ　発音通りのスペル

入力　입 + 력 → 입력　임녁
イプ　リョク　イムニョク　発音通りのスペル

ジャンル　장 + 르 → 장르　장느
チャン　ル　チャンヌ　発音通りのスペル

3日目

音声
24

鼻音化①をマスター！

鼻音化のパターン①を覚える！

発音の変化の中でも、ちょっと手ごわいのがこの鼻音化。
ルールを正確に押さえて確実にものにしよう。

**これ
だけは
覚えよう！**

鼻音化

ㄱ・ㄷ・ㅂの音のパッチムにㄴかㅁが続くと、
パッチムはそれぞれ ㅇ・ㄴ・ㅁの音になるよ。

昨年　チャク ニョン 작＋년 → チャンニョン 작년（発音 ㅇ）　発音通りのスペル 장년

昔　イェッ ナル 옛＋날 → イェンナル 옛날（発音 ㄴ）　発音通りのスペル 옌날
これもㄷ(t)の音（15ページ参照）

します　ハプ ニダ 합＋니다 → ハムニダ 합니다（発音 ㅁ）　発音通りのスペル 함니다

鼻音化 パターン①

**よ〜く
見て
みよう！**

박の直後にㅁがあるから、発音は방물

ここ　が　博物館　です。

여기가 박물관 입니다.

ヨギガ（発音 ㅇ）　ㄱの音　パ②ムルグァ ンイ ムニダ　ン ニ（発音 ㅁ）

입の直後にㄴがあるから、
発音は임니다

LESSON 4

鼻音化 パターン①

すべて 嘘 ですか?

다 거짓말입니까?

発音 ㄴ　ㄷの音　発音 ㅁ　입の直後にㄴがあるから、鼻音化で임니까に

タ　コチンマ（ルイ）ムニッカ
リ

パッチムㅅはㄷの音。その直後にㅁがあるから、発音は거진말

学の直後にㄴがあるから、発音は항년

大学 4 年生(学年) です。

대학교 4 학년이에요.

テハッキョ　サ　発音 ㅇ　連音化 ハ（ク）ニョ（ンイ）エヨ
ン　ニ

4 はハングルでは
漢数詞の사(サ)。

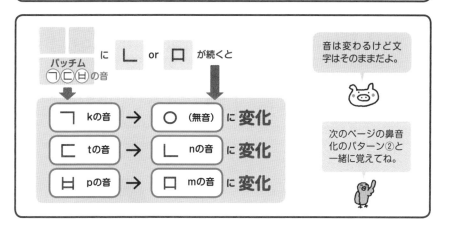

パッチム
ㄱㄷㅂの音 に ㄴ or ㅁ が続くと

ㄱ kの音	→	ㅇ （無音）に **変化**
ㄷ tの音	→	ㄴ nの音に **変化**
ㅂ pの音	→	ㅁ mの音に **変化**

音は変わるけど文
字はそのままだよ。

次のページの鼻音
化のパターン②と
一緒に覚えてね。

---

miniテスト

鼻音化する単語を選びなさい。

❶ 삼만 (3万)　　❷ 칠만 (7万)　　❸ 십만 (10万)

答え：❸십만 **発音**심만シムマン

K팝 뉴스도 구독해요.
ケイパム　ニュスド　クドケヨ

LESSON 5

鼻音化②をマスター！

鼻音化のパターン②を覚える！

鼻音化の中でも、パッチムと直後の子音の両方が変化する組み合わせもあるよ。

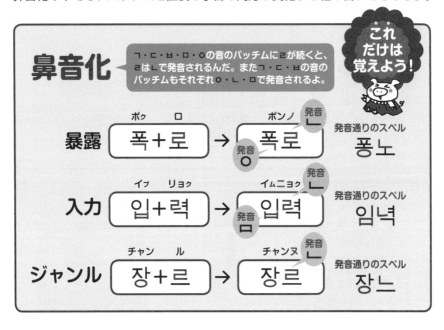

鼻音化

ㄱ・ㄷ・ㅂ・ㅁ・ㅇの音のパッチムにㄹが続くと、ㄹはㄴで発音されるんだ。またㄱ・ㄷ・ㅂの音のパッチムもそれぞれㅇ・ㄴ・ㅁで発音されるよ。

これだけは覚えよう！

暴露
ポク　ロ
폭＋로
→
ポンノ　発音 ㄴ
発音 ㅇ 폭로
発音通りのスペル
퐁노

入力
イプ　リョク
입＋력
→
イムニョク 発音 ㄴ
発音 ㅁ 입력
発音通りのスペル
임녁

ジャンル
チャン　ル
장＋르
→
チャンヌ 発音 ㄴ
장르
発音通りのスペル
장느

鼻音化 パターン②

よ～く見てみよう！

発音 ㄴ　ソフトドリンク　ください。

음료수 주세요.

음の直後にㄹがあるから、発音は음뇨수

ウム(ニ)ョス　チュセヨ
ㄴ

음료수は漢字では「飲料水」と書くけれど、一般的には「ソフトドリンク」のこと。

鼻音化 パターン②

パッチム○の直後にㄹがあるから、ㄹが鼻音化して発音は동뇨

会社(の) 同僚 と 協力します。

発音 뇨
発音 녀

パッチムㄱの直後にㅎがくるとㄱの発音は激音化してㅋ

회사 동료와 협력해요.

発音 ㅁ ㅂの音
発音 ㅋ

フェサ ドン⑪ョワ ヒョⓟ⑪ョ⑦ヘヨ
　　　　　　ニ　　　　　ム ニ ケ

パッチムㅂの直後にㄹがあるから鼻音化して혐녁と発音

- -

今回 (に)は 大統領 の 勝利 です。

パッチム○の直後にㄹがあるから、発音は통녕

発音 녕
発音 니

이번에는 대통령의 승리예요.

連音化
イボ⑤ヌン デトン⑪ョンエ ス⑪エヨ
　ネ　　　　　ニ　　　　　　ニ

パッチム○の直後にㄹがあるから、発音は승니

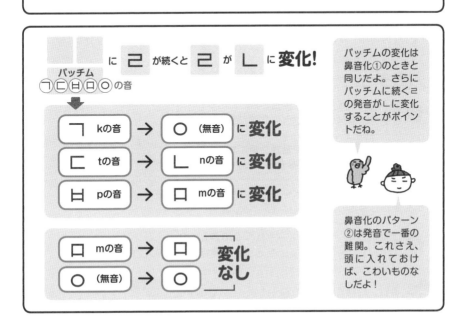

に ㄹ が続くと ㄹ が ㄴ に **変化!**

パッチム
ㄱㄷㅂㅁ○の音

ㄱ kの音 → ○ (無音) に **変化**

ㄷ tの音 → ㄴ nの音 に **変化**

ㅂ pの音 → ㅁ mの音 に **変化**

ㅁ mの音 → ㅁ **変化なし**

○ (無音) → ○ **変化なし**

パッチムの変化は鼻音化①のときと同じだよ。さらにパッチムに続くㄹの発音がㄴに変化することがポイントだね。

鼻音化のパターン②は発音で一番の難関。これさえ、頭に入れておけば、こわいものなしだよ！

パソコンでハングルの入力を覚えよう！

憧れのスターにメールを送りたいけれど、
ハングルってどうやって入力するの？

 パソコンの設定はそんなに難しくないよ。じゃあ、一緒にやってみよう。

ハングルのキーボード設定と入力方法 ※ Windows 10 の場合。
機種によって若干違います。

① 「スタート」をクリックして「設定」を選択。

② 「時計と言語」をクリック。

③ 「地域と言語」をクリック。

④ 「言語」のタブを選択して「言語を追加する」をクリック。

⑤ 「韓国語」のボタンをクリック。

⑥ 「時刻と言語」に戻る。

⑦ 「韓国語」が追加されていることを確認したら、「OK」をクリック。

入力のチェックポイント

❶ キーボードは左手側が子音、
右手側が母音を打つように文字が並んでいる。

❷ ㄲ（濃音）のように子音が二重になるときは、
「Shift」キーを押しながら入力。

❸ 単語と単語の間にスペース（分かち書き）が入るのがハングルの特徴。
分かち書きのスペースは「スペース」キーを押す。

❹ 「Shift」＋「Alt」キーでハングルが入力できる。
「Shift」＋「Alt」キーをもう一度押せば日本語入力に戻る。

 よし、これでばっちりね！！！　でも韓国語ができなきゃ
意味ないじゃん(-"-)

4日目 レベル4

「疑問詞」を
クリア!

ここでは「いつ」「どこ」「なに」「誰」
……など代表的な疑問詞を学ぶよ。
日本語みたいに文の頭につければいいから、意外に簡単。
これを学べば韓国の友達にいっぱい質問できちゃう。
会話の幅がぐっと広がるね!

「疑問詞」編

ライオン先生のホームパーティに招待されたソラちゃんとブー子。習った韓国語を試そうと、疑問詞を使って男の子に話しかけてみたよ！

まとめて覚えよう！⑦

疑問詞

いつ	언제 オンチェ	いつも	언제나 オンチェナ	P78～79
いつでも	언제든지 オンチェドゥンチ	いつから	언제부터 オンチェブト	
いつまで	언제까지 オンチェッカチ	いつまでも	언제까지라도 オンチェッカチラド	
どこ	어디 オディ	どこで	어디서 オディソ	P80～81
どこでも	어디든지 オディドゥンチ	어디서（オディソ）には「どこから」という表現もあるよ。		
どこまで	어디까지 オディッカチ	どこまでも	어디까지나 オディッカチナ	
何	무엇 スリム化 뭐 ムオッ ムォ	何が	무엇이 ムオシ	
何を	무엇을 スリム化 뭘 ムオスル ムォル	뭐가 ムォガ		P82～83
誰	누구 ヌグ	誰が	누가 ヌガ	
誰でも	누구든지 ヌグドゥンチ	誰々	누구누구 ヌグヌグ	P84～85
いくつ	몇 ミョッ	何個	몇 개 ミョッケ	
何時	몇 시 ミョッシ	何月	몇 월 ミョドゥォル	
何日	며칠 ミョチル	몇（ミョッ）は助数詞とセットで覚えよう。		P86～87
なぜ	왜 ウェ	どうやって	어떻게 オットケ	P88～89
何の	무슨 ムスン	무슨（ムスン）は後ろに名詞をつけて使うよ。		P90～91

4日目

時を尋ねる疑問詞をマスター！

好きな歌手のスケジュールを知りたい～

音声 26

「誕生日はいつですか」「いつ日本に来ますか」など、
「いつ」という疑問詞を覚えると、自由自在に「時」を尋ねることができるよ。

パッチムで変化なし　疑問詞をつけるだけ　CHECK!

これだけは覚えよう！

いつ 　언제
オンチェ

派生語

いつも 언제＋나 → 언제나
オンチェ　ナ　　オンチェナ

いつでも 언제＋든지 → 언제든지
オンチェ　トゥンチ　オンチェドゥンチ

いつから 언제＋부터 → 언제부터
オンチェ　ブト　　オンチェブト

いつまで 언제＋까지 → 언제까지
オンチェ　ッカチ　オンチェッカチ

いつまでも 언제＋까지라도 → 언제까지라도
オンチェ　ッカチラド　オンチェッカチラド

漠然とした「時」を指して「いつか」という意味にもなるよ。

いつか　一度　会いましょう。
언제 한번 만나요.
オンチェ　ハンボン　マンナヨ

FIGHTING!
ファイティン

下線部にハングルを入れて文を完成させましょう。

---

❶

いつ	発音 ㄹ	出発しますか？

_____ 출발합니까?
チュルバラムニッカ

疑問形

いつ出発しますか？

基本的に日本語の「いつ」という疑問詞と同じ語順で使えるよ。

---

❷

復帰	は	いつ	ですか？

컴백은 _____ 입니 까？
コムベグン　　　　　イムニッカ

復帰はいつですか？

컴백（コムベク）はcome backという英語からの外来語だよ。

いつの派生語

❸

いつでも	大丈夫です。

_____ 괜찮아요.
　　　　　　クェンチャナヨ

実際の発音を表すと……
괜차나요

パッチムㅎの直後に○が続くと、ㅎの音がなくなる

発音 ㄴ

いつでも構いません。

いつの派生語

❹

いつも	私の	胸	中に	います。

_____ 내 가슴 속에 있어요.
　　　　　ネ　カスム　ソゲ　イッソヨ

いつも私の胸の中にいます。

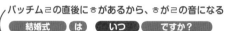

---

❺

パッチムㄹの直後にㅎがあるから、ㅎがㄹの音になる

結婚式	は	いつ	ですか？

결혼 식은 _____ 입니까？
キョロンシグン　　　　イムニッカ

結婚式はいつですか？

❶の出発합니까？やこの問題の結혼のように、パッチムㄹの直後にㅎがきた場合は、ㅎの音は消えるよ。

答え：❶언제 ❷언제 ❸언제든지 ❹언제나 ❺언제

다음 일본 투어는 언제입니까?
タウム　イルボン　トゥオヌン　オンチェイムニッカ

4日目｜LESSON 1

場所を尋ねる
疑問詞をマスター!

コンサートの場所を尋ねたい〜

音声 27

「どこ」어디 (オディ) は「トイレはどこですか」
「この焼肉屋さんはどこにありますか」など、
覚えておくと便利な韓国への旅行中によく使う疑問詞だよ。

| パッチムで 変化なし | 疑問詞を つけるだけ | CHECK! |

これ だけは 覚えよう!

どこ 어디
オディ

派生語

どこで 어디+에서 → 어디에서 → 어디서
オディ   エソ   とる   オディソ

어디서には「どこから」という意味もあるよ。

どこでも 어디+든지 → 어디든지
オディ   トゥンチ   オディドゥンチ

どこまで 어디+까지 → 어디까지
オディ   ッカチ   オディッカチ

慣用的には「あくまでも」という意味で使われているよ。

どこまでも 어디+까지나 → 어디까지나
オディ   ッカチナ   オディッカチナ

電話などで相手を丁寧に尋ねるときも、「どちら」という意味で、어디という疑問詞を使うよ。

どちら様ですか?
어디세요?
オディセヨ

FIGHTING!
ファイティン

下線部にハングルを入れて文を完成させましょう。

---

❶

| トイレ | は | どこ | ですか? |

화장실은 ＿＿＿예요?
ファチャンシルン　　　　　エヨ

直前にパッチムがないから예요

化粧室（ファチャンシル）を漢字にすると「化粧室」だよ。

疑問形

トイレはどこですか?

---

❷

| この | 美容整形外科 | は | どこ | に | ありますか? |

이 성형외과는 ＿＿＿에 있어요?
イ　ソンヒョンウェクァヌン　　　エ　イッソヨ

パッチムなし

この美容整形外科はどこにありますか?

성형외과（ソンヒョンウェクァ）は漢字で「整形外科」。

---

❸

速く発音すると連音化

| サイン会 | は | どこで | しますか? |

사인회는 ＿＿＿ 합니까?
サインフェヌン　　　　ハムニッカ
　　ヌェ

サイン会はどこでしますか?

---

❹

| 大学 | は | どこ | ですか? |

대학교는 ＿＿＿예요?
テハッキョヌン　　　　エヨ

パッチムなし

地理的なこと以外にも使う「どこ」の使い方やニュアンスは、日本語とそっくりだね!!

大学はどこですか?

場所だけではなく、会社名や学校名のことも「どこ」と尋ねることがあるよ。

---

❺

| その | 俳優 | の | どこ | が | 魅力的 | ですか? |

그 배우의 ＿＿＿가 매력적이에요?
ク　ペウエ　　　　　ガ　　メリョクチョギエヨ

その俳優のどこが魅力的ですか?

パッチムが直前にあるから이에요

この場合も地理的なことを聞いているわけではないよね。

答え：❶어디 ❷어디 ❸어디서 ❹어디 ❺어디

モノを尋ねる疑問詞をマスター！

スターの趣味を聞いてみたい〜

音声
28

「これは何ですか」「何がありますか」など、素朴な疑問に大活躍。
「何」という疑問詞を学ぶよ。

パッチムで変化なし	疑問詞をつけるだけ	CHECK!

これだけは覚えよう！

何 | 무엇 |
ムォッ

日常会話では뭐と一文字になったりもするよ。

スリム化 무엇 → 무엇 → 뭐
とる ムォ

何を 무엇＋을 → 무엇을
何 を ムォッ ウル ムオスル

スリム化 무엇을 → 무엇을 → 뭘
とる とる ムオスル ムォル

何が 무엇＋이 → 무엇이
何 が ムォッ イ ムオシ

뭐＋가 → 뭐가
何 が ムォ カ ムォガ

どっちを使っても大丈夫！

下線部にハングルを入れて文を完成させましょう。

---

❶

| これ | は | 何 | ですか? |

이것은 ＿＿＿＿이에요?
イゴスン　　　　　　　イエヨ

⟶ 疑問形

これは何ですか?

---

❷

| アメリカ | ツアー | で | は | 何 | を | しますか? |

미국 투어에서는 ＿＿＿＿를 해요?
ミグク　トゥオエソヌン　　　　ルル　ヘヨ

アメリカツアーでは何をしますか?

直前にパッチムがないときの助詞は를

---

❸

| 東大門市場 | に | は | 何 | が | ありますか? |

동대문시장에는 ＿＿＿＿가 있어요?
トンデムンシチャンエヌン　←パッチムなし　ガ　イッソヨ

東大門市場には何がありますか?

復習 助詞「が」パッチムなし＋가(カ)
パッチムあり＋이(イ)

---

❹

| 何 | が | おいしいですか? |

＿＿＿＿가 맛있어요?
ガ　マシッソヨ

何がおいしいですか?

原形は맛있다(マシッタ)「おいしい」

ヒント!
助詞が가だから、
直前にパッチムなし
のものがくるよ!

---

❺

| 趣味 | は | 何 | ですか? |

취미는 ＿＿＿＿예요?
チュイミヌン　　　　エヨ

趣味は何ですか?

直前にパッチムなし

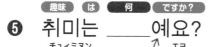

ヒント!
「ですか」が예요
になっているので
パッチムなしのも
のがくるよ!!

答え：❶무엇 ❷뭘 ❸뭐 ❹뭐 ❺뭐

팬미팅에서는 뭘 합니까?
ペンミィンエソヌン　ムォル　ハムニッカ

人を尋ねる疑問詞をマスター！

この疑問詞さえわかれば、知らない人はもういない！

音声 29

「あの歌手は誰ですか」「誰がいますか」のように、
人を尋ねる「誰」という疑問詞だよ。

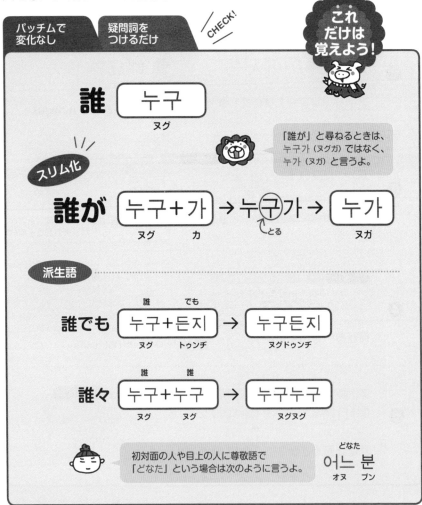

パッチムで 変化なし　　疑問詞を つけるだけ　　CHECK!

これ だけは 覚えよう！

誰

누구
ヌグ

スリム化

「誰が」と尋ねるときは、
누구가（ヌグガ）ではなく、
누가（ヌガ）と言うよ。

誰が

누구 + 가 → 누구가 → 누가
ヌグ　　カ　　　　　　とる　　　ヌガ

派生語

誰でも

　　誰　　でも
누구 + 든지 → 누구든지
ヌグ　トゥンチ　　　ヌグドゥンチ

誰々

　　誰　　誰
누구 + 누구 → 누구누구
ヌグ　ヌグ　　　　ヌグヌグ

初対面の人や目上の人に尊敬語で
「どなた」という場合は次のように言うよ。

　　　　　　　どなた
어느 분
オヌ　ブン

FIGHTING!
ファイティン

下線部にハングルを入れて文を完成させましょう。

この　人　は　誰　ですか?

❶ 이 사람은 ＿＿예요?
↗イ　　サラムン　　　　エヨ
こそあど　**この人は誰ですか?**
　　　　　　　　　　　　　　疑問形

「誰ですか」と聞かれたら、名前で答えたり、「父です」「社長です」と属性で答えることもあるよ。

（復習）韓国語の「こそあど」言葉
この	その	あの
이 (イ)	그 (ク)	저 (チョ)

あの　歌手　は　誰　ですか?

❷ 저 가수는 ＿＿입니까?
↗チョ　ガスヌン　　　イムニッカ
こそあど　**あの歌手は誰ですか?**
　　　　　　　　　　　　　疑問形

「誰」は動物には使わないよ。あくまでも人だけ。

誰　と　デート　しますか?

❸ ＿＿하고 데이트 해요?
　　ハゴ　　デイトゥ　ヘヨ
誰とデートするんですか?

スリム化
誰が　今日　の　ゲスト　ですか?

❹ ＿＿ 오늘의 게스트예요?
　　オヌレ　　　ゲストゥエヨ ↘パッチムなし
誰が今日のゲストですか?

くりかえし
「誰々」と繰り返す場合は、韓国語も日本語と一緒
↓
誰々　を　招待しますか?

❺ ＿＿＿＿를 초대해요?
　　　ルル　　チョデヘヨ
誰々を招待しますか?
[招待する 原초대하다 (チョデハダ)]

答え：❶누구 ❷누구 ❸누구 ❹누가 ❺누구누구

4日目
LESSON 4

数を尋ねる疑問詞をマスター!

チケットの枚数を確認したい〜

音声 30

「何人ですか」「何時ですか」と言うときは、
数を尋ねる疑問詞「いくつ」몇（ミョッ）を使うよ。

| パッチムで 変化なし | 몇は 助数詞とセット | CHECK! | これ だけは 覚えよう! |

いくつ　몇
ミョッ

何個　몇＋개 → 몇 개
　　　ミョッ　ケ　　　ミョッケ

何時　몇＋시 → 몇 시
　　　ミョッ　シ　　　ミョッシ

何月　몇＋월 → 몇 월
　　　ミョッ　ウォル　　ミョドゥオル

例外

何日　~~몇일~~ → 몇일 → 며칠
　　　　　　　치　　　　　ミョチル

助数詞は2日目（44ページ〜）を参照しよう。

FIGHTING!
ファイティン

下線部にハングルを入れて文を完成させましょう。

❶ _____ 명 이에요?

パッチムあり / ミョンイエヨ

何人ですか？

人を数える助数詞は漢字で「名」

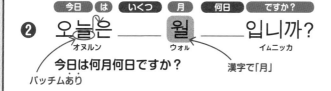

❷ 오늘은 _____ 월 _____ 입니까?

オヌルン / ウォル / イムニッカ

今日は何月何日ですか？

パッチムあり / 漢字で「月」

❸ 네일살롱은 __ 층 에 있어요?

네일살롱은ウン / パッチムあり / チュンエ / イッソヨ

ネイルサロンは何階にありますか？

階数を数える助数詞は漢字で「層」

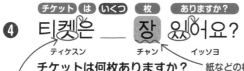

❹ 티켓은 __ 장 있어요?

ティケスン / チャン / イッソヨ

チケットは何枚ありますか？

紙などの枚数を数える助数詞は漢字で「張」

パッチムあり

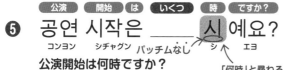

❺ 공연 시작은 _____ 시 예요?

コンヨン / シチャグン / パッチムなし / シ / エヨ

公演開始は何時ですか？

「何時」と尋ねるときは日本語と同じ「時」

答え：❶몇 ❷몇,며칠 ❸몇 ❹몇 ❺몇

일본도착은 몇월 며칠이에요?
イルボンドチャグン ミョドゥォル ミョチリエヨ

理由や手段を尋ねる疑問詞をマスター！

国際電話のかけ方を聞きたい〜

「なぜですか」「これはどうやるのですか」など、
理由や手段を尋ねる疑問詞を学ぶよ。

パッチムで変化なし	疑問詞をつけるだけ	CHECK!

これだけは覚えよう！

なぜ 왜
ウェ

どうやって 어떻게
オットケ

「名前は何ですか？」は 이름이 뭐예요？（イルミ ムォエヨ）だけど、これはストレートすぎて目上の人には使ってはいけないんだ。そんなときに使えるのがこの 어떻게（オットケ）。同じように、職業や年齢などを聞くときにも、以下のように尋ねるんだよ。

お名前	が	どのように	なっていらっしゃいますか？

성함이 어떻게 되세요?　お名前は何とおっしゃいますか？
ソンハミ　オットケ　ドェセヨ

職業	が	どのように	なっていらっしゃいますか？

직업이 어떻게 되세요?　お仕事は何ですか？
チゴビ　オットケ　ドェセヨ

お年	が	どのように	なっていらっしゃいますか？

연세가 어떻게 되세요?　お年はおいくつですか？
ヨンセガ　オットケ　ドェセヨ

FIGHTING!
ファイティン

下線部にハングルを入れて文を完成させましょう。

---

❶

［なぜ］［ですか?］

_____ **요?**
　　　　ヨ ← 疑問形

なぜですか?

---

❷

決まり文句

［あら］［どうやって］［する!］

어머 _____ 해!
オモ ←　　　 ← ヘ

あら、どうしよう!

> 同じような意味で使われる言葉に、어떡하지（オットカチ）があるよ。独り言として使う場合には、어떻게 해（オットケ ヘ）の方が、驚いた感じが少し強く伝わるよ。

ヨ体から요をとると、ぞんざいな言葉になる
어머（オモ）は女性が驚いたときに発する感嘆詞

---

❸

［なぜ］［嘘］［しますか(言いますか?)］

_____ **거짓말 해요?**
鼻音化 ㄴ コジンマル
発音　　　　　　　 ← ヘヨ

「する」だけではなく
「言う」という意味でも使われる

なぜ嘘をつくのですか?

---

❹

［日本］［ツアー］［は］［どうやって］［予約しますか?］

일본 투어는 _____ 예약해요?
イルボン トゥオヌン ←パッチムなし イェヤケヨ

日本ツアーはどうやって予約しますか?

---

❺

［なぜ］［記憶］［が］［ありませんか?］

_____ **기억이 없어요?**
キオギ　　オプソヨ

なぜ記憶がないのですか?

答え：❶왜 ❷어떻게 ❸왜 ❹어떻게 ❺왜

4日目 LESSON 6

種類や属性を尋ねる疑問詞をマスター！

曜日を尋ねたい～

音声 32

「何の料理ですか？」「何曜日ですか？」など、
種類や属性を尋ねる疑問詞を学ぶよ。

これだけは覚えよう！

パッチムで変化なし	疑問詞をつけるだけ	CHECK!

何の　무슨　ムスン

무슨 ＋ 名詞

무슨 は「何の」という疑問詞で、名詞を後ろにともなって使うよ。

例

	何の	意味		
何の意味	무슨＋뜻		→	무슨 뜻
	ムスン	ットゥッ		ムスン ットゥッ

	何の	話		
何の話	무슨＋이야기		→	무슨 이야기
	ムスン	イヤギ		ムスン イヤギ

	何の	色		
何色	무슨＋색		→	무슨 색
	ムスン	セク		ムスン セク

「何の」ではなく、単に「何」としても使うよ。

	何の	曜日		
何曜日	무슨＋요일		→	무슨 요일
	ムスン	ヨイル		ムスン ヨイル

무슨は文脈によっては「何の」以外にも「どんな」という意味もあるよ。文脈によって訳せばいいんだよ。

どんな手段
무슨 수
ムスン ス

FIGHTING!
ファイティン

下線部にハングルを入れて文を完成させましょう。

---

①

何の｜曜日｜ですか？

_____ 요일이에요?
ヨイリエヨ

何の ＋ 曜日요일(ヨイル)＝何曜日

何曜日ですか？

---

②

何の｜料理｜ですか？

_____ 요리예요?
ヨリエヨ

何の料理ですか？

「何の料理」というフレーズから、材料やどこの地方の料理かなどを聞くことができるよ。

---

③

何の｜こと｜ありますか？

_____ 일 있어요?
イル　　イッソヨ

何かあるのですか？

무슨 일は、「何の用」という単純な疑問以外に、「ちょっとした事情」の意味もあるんだ。

---

④

決まり文句

何の｜言葉｜ですか？

_____ 말이에요?
パッチムあり↗　　マリエヨ

何を言っているのですか？（どういうことですか？）

相手の言っていることが理解できないときに使うフレーズだよ。

---

⑤

お兄さん｜は｜何の｜干支｜ですか？

오빠는 _____ 띠예요?
オッパヌン　パッチムなし　ッティエヨ

オッパの干支は何ですか？
えと

韓国でも日本と同じように干支があるよ。日本の亥（いのしし）年は韓国では豚年！それ以外は全部同じだよ。

答え：**①**무슨 **②**무슨 **③**무슨 **④**무슨 **⑤**무슨

語幹を覚えよう！

文法の解説に頻繁に出てくる「語幹」って？
ここでしっかり覚えよう！

 これから韓国語の文法を学んでいくうえで、
欠かせないのが「語幹」だよ。これさえものにすれば、
いろいろな表現が可能になるよ。

 しっかり整理しておかなきゃね。

> 動詞や形容詞などの原形から
> 다をとったものを語幹というんだよ。
> タ

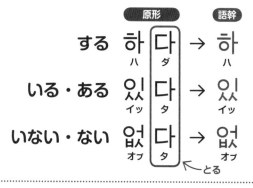

	原形	語幹
する	하다 (ハ/ダ) →	하 (ハ)
いる・ある	있다 (イッ/タ) →	있 (イッ)
いない・ない	없다 (オプ/タ) →	없 (オプ)

←とる

 語幹に様々な語尾をつけて、
いろいろな状況や感情を表現するんだよ。

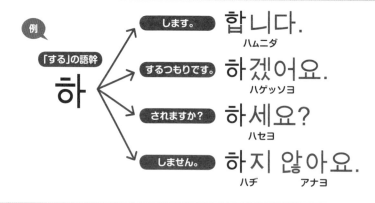

例

「する」の語幹

하

- します。 합니다. ハムニダ
- するつもりです。 하겠어요. ハゲッソヨ
- されますか？ 하세요? ハセヨ
- しません。 하지 않아요. ハチ アナヨ

5日目 レベル5
「7つの文型」を
クリア!

「ムニダ体」「ヨ体」「否定形」「未来・意志・推量・婉曲」「敬語」
「可能・不可能」「過去形」の文型を学ぶよ。
これだけ覚えれば、韓国語会話も自由自在!
動詞や形容詞の語幹の最後にパッチムがあるかないかで
形が変わることが多いので注意してね!

「ヨ体」編

丁寧な文体を表すヨ体。でも、ヨ体の使い方はそれだけではないみたい。ソラちゃん＆ブー子と一緒にヨ体の使い方を学んでみよう。

ねえ、ヨ体って「です・ます」以外にもいろんな使い方があるんだって！

あら、そんなの知ってたブー！！

えっへん

たとえば

해요だと
（する）
ヘヨ

丁寧な命令

해요!
（しなさい）

疑問

해요?
（もう一杯いかが？）

勧誘

해요～！
（やりましょーよー）

해요の요をとると、キツイ言い方になるよ。

詳しくは98ページをみてね。

まとめて覚えよう！⑧

7つの文型

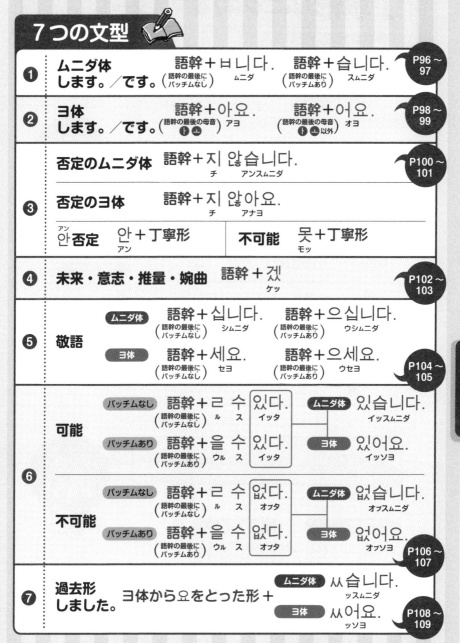

❶ ムニダ体
します。／です。
語幹＋ㅂ니다.（語幹の最後に バッチムなし）ムニダ　　語幹＋습니다.（語幹の最後に バッチムあり）スムニダ
P96〜97

❷ ヨ体
します。／です。
語幹＋아요.（語幹の最後の母音 ㅏㅗ）アヨ　　語幹＋어요.（語幹の最後の母音 ㅏㅗ以外）オヨ
P98〜99

❸ 否定のムニダ体
語幹＋지 않습니다.　チ　アンスムニダ
P100〜101

否定のヨ体
語幹＋지 않아요.　チ　アナヨ

안否定　アン　안＋丁寧形　アン　　不可能　못＋丁寧形　モッ

❹ 未来・意志・推量・婉曲
語幹＋겠　ケッ
P102〜103

❺ 敬語
ムニダ体　語幹＋십니다.（語幹の最後に バッチムなし）シムニダ　　語幹＋으십니다.（語幹の最後に バッチムあり）ウシムニダ
ヨ体　語幹＋세요.（語幹の最後に バッチムなし）セヨ　　語幹＋으세요.（語幹の最後に バッチムあり）ウセヨ
P104〜105

❻ 可能
バッチムなし　語幹＋ㄹ 수（語幹の最後に バッチムなし）ル　ス　있다.イッタ　　ムニダ体　있습니다.イッスムニダ
バッチムあり　語幹＋을 수（語幹の最後に バッチムあり）ウル　ス　있다.イッタ　　ヨ体　있어요.イッソヨ

不可能
バッチムなし　語幹＋ㄹ 수（語幹の最後に バッチムなし）ル　ス　없다.オプタ　　ムニダ体　없습니다.オプスムニダ
バッチムあり　語幹＋을 수（語幹の最後に バッチムあり）ウル　ス　없다.オプタ　　ヨ体　없어요.オプソヨ
P106〜107

❼ 過去形
しました。
ヨ体から요をとった形＋　ムニダ体　ㅆ습니다.ッスムニダ　　ヨ体　ㅆ어요.ッソヨ
P108〜109

LESSON 1

動詞・形容詞の丁寧形(ムニダ体)をマスター!

丁寧な言葉遣いを学ぶよ

音声 33

動詞を「します」、形容詞を「です」と
丁寧に表現するときのムニダ体の活用スタイルを学ぶよ。

これだけは覚えよう!

語幹の最後のパッチムで変化あり　CHECK!

ムニダ体(ㅂ니다体)

します。／です。
(動詞)　(形容詞)

語幹(パッチムなし)＋ㅂ니다.
ムニダ

語幹(パッチムあり)＋습니다.
スムニダ

語幹とは!?
動詞や形容詞の原形から다がなくなった形だよ。詳しくは92ページのコラムで確認してね。

よ〜く見てみよう!

行く 原形 가다(カダ) → 가(カ) ＋ ㅂ니다(ムニダ)
(語幹：가 ← パッチムなし)

汗蒸幕 へ　行きます。
한증막에 갑니다.
ハンヂュンマゲ　カムニダ

가다(カダ)「行く」は語幹にパッチムがないから、そのままㅂ니다をつける

復習これだけフレーズ㉗　ソウルにはときどき行きます。►►►

乗る **原形** 타다(タダ) → 타(タ) + ㅂ니다(ムニダ)
語幹
←パッチムなし

韓国語の助詞では「〜に乗る」とは言わず「〜を(를)乗る」という使い方をするよ。

どこで | **タクシー を** | **乗りますか?**
어디서 | 택시를 | 탑니까?
オディソ | テクシルル | タムニッカ
→疑問形

復習 疑問詞 どこ + で → どこで
어디 + 에서 → 어디서
オディ エソ オディソ

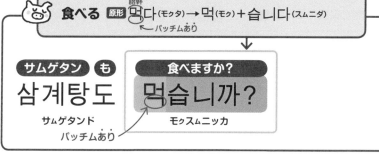

寒い **原形** 춥다(チュプタ) → 춥(チュプ) + 습니다(スムニダ)
語幹
←パッチムあり

パッチムあり
部屋 が 少し | **寒いです。**
방이 좀 | 춥습니다.
パンイ チョム | チュプスムニダ

パッチムがあるので助詞は이

形容詞의 춥다(チュプタ)「寒い」は語幹にパッチムがあるから습니다をつける

食べる **原形** 먹다(モクタ) → 먹(モク) + 습니다(スムニダ)
語幹
←パッチムあり

サムゲタン も | **食べますか?**
삼계탕도 | 먹습니까?
サムゲタンド | モクスムニッカ
パッチムあり

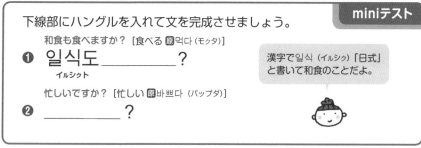

miniテスト

下線部にハングルを入れて文を完成させましょう。

和食も食べますか？[食べる **原**먹다(モクタ)]

❶ 일식도＿＿＿＿＿＿?
イルシクト

漢字で일식(イルシク)「日式」と書いて和食のことだよ。

忙しいですか？[忙しい **原**바쁘다(バップダ)]

❷ ＿＿＿＿＿＿?

答え：❶먹습니까 ❷바쁩니까

動詞・形容詞の ヨ体をマスター!

もう一歩、親しみのこもった言い回しで話そう

音声 34

합니다 (ハムニダ)「します」のヨ体として해요 (ヘヨ) があるように、すべての動詞や形容詞にはヨ体 (요体) というスタイルがあるよ。どちらも丁寧な表現だけど、ムニダ体に比べてヨ体は言葉のニュアンスがやわらかくなるよ。

| 語幹の最後の 母音で変化 | 語幹の最後の母音が ㅏㅗかそれ以外で区別 | CHECK! |

これ だけは 覚えよう!

ヨ体 (요体)

します。／です。
(動詞)　　(形容詞)

ヨ体は丁寧な表現のほかに、命令や疑問、勧誘などの意味もあるよ。1つの文型でいろいろな使い方ができるから、ムニダ体より表現の幅が広がるよ。

| (語幹の最後の母音ㅏㅗ) | 語幹＋아요. | アヨ 아요形 |
| | アヨ | |

| (語幹の最後の母音ㅏㅗ以外) | 語幹＋어요. | オヨ 어요形 |
| | オヨ | |

よ〜く 見て みよう!

良い　原形 좋다 (チョタ) ＋아요 (アヨ)
語幹　　母音が ㅗ

アヨ 아요形

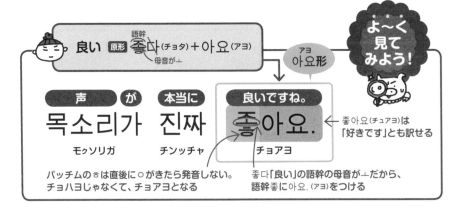

| 声 | が | 本当に | 良いですね。 |

목소리가　　진짜　　좋아요.
モクソリガ　チンッチャ　チョアヨ

좋아요 (チュアヨ)は「好きです」とも訳せる

パッチムの ㅎ は直後に ○ がきたら発音しない。チョハヨじゃなくて、チョアヨとなる

좋다「良い」の語幹の母音が ㅗ だから、語幹 좋 に아요. (アヨ)をつける

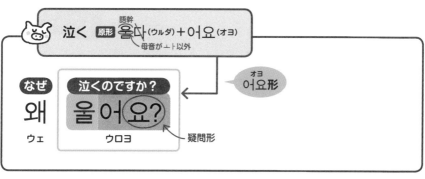

泣く 原形 울다 (ウルダ) 語幹 ＋어요 (オヨ)
母音が┴ト以外

어요形 オヨ

なぜ 泣くのですか？
왜 울어요?
ウェ ウロヨ
疑問形

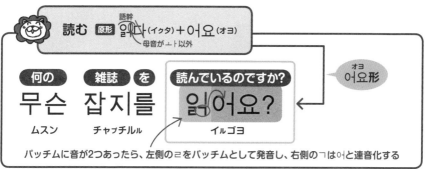

読む 原形 읽다 (イクタ) 語幹 ＋어요 (オヨ)
母音が┴ト以外

어요形 オヨ

何の 雑誌 を 読んでいるのですか？
무슨 잡지를 읽어요?
ムスン チャプチルル イルゴヨ

パッチムに音が2つあったら、左側の己をパッチムとして発音し、右側のㄱは어と連音化する

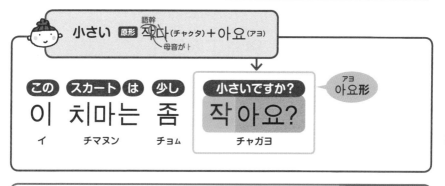

小さい 原形 작다 (チャクタ) 語幹 ＋아요 (アヨ)
母音がト

この スカート は 少し 小さいですか？
이 치마는 좀 작아요?
イ チマヌン チョム チャガヨ

아요形 アヨ

---

miniテスト

下線部にハングルを入れて文を完成させましょう。

デザインが本当にかっこいいです。[かっこいい 原멋있다 (モシッタ)]

❶ 디자인이 정말 _____.
　 ティチャイニ チョンマル

このズボン短くないですか？ [短い 原짧다 (チャルタ)]

❷ 이 바지 안 _____?
　 イ バチ アン

答え：❶멋있어요 ❷짧아요

한국 요리도 잘 먹어요.
ハングン ニョリド チャル モゴヨ

否定形をマスター！

できないことはきっぱりと「できません！」

動詞や形容詞を「しません」
「ではありません」と否定するときの表現を学ぶよ。

これ
だけは
覚えよう！

パッチム
関係なし　　　否定形を
　　　　　　　　つけるだけ　　CHECK!

否定のムニダ体　| 語幹 ＋ 지 않습니다. |
　　　　　　　　　　　　　チ　　　アンスムニダ

否定のヨ体　| 語幹 ＋ 지 않아요. |
　　　　　　　　　　チ　　　アナヨ

안 否定　| 안 ＋ 丁寧形 |
　ァン　　　　　　アン

不可能　| 못 ＋ 丁寧形 |
　　　　　　　　モッ

ここで言う「丁寧形」と
は動詞や形容詞のムニ
ダ体やヨ体のことだよ。

ムニダ体の否定

よ〜く
見て
みよう！

買う　原形　사다(サダ) ＋ 지(チ) 않습니다(アンスムニダ)

偽物 は　　　　**買いません。**
가짜는　　　사지 않습니다.
カッチャヌン　　サチ　　　アンスムニダ

 復習これだけフレーズ㉙　でもキムチはまだよく食べられません。　▶▶▶

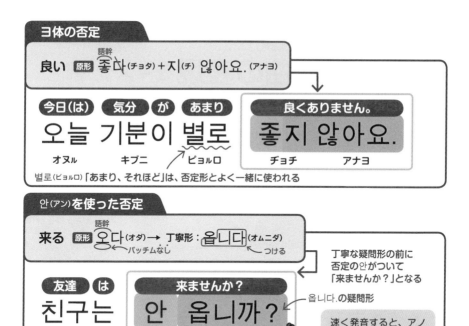

ヨ体の否定

良い 原形 좋다(チョタ) 語幹 좋 + 지(チ) 않아요.(アナヨ)

今日(は) 気分 が あまり
오늘 기분이 별로
オヌル　　キブニ　　ビョルロ

良くありません。
좋지 않아요.
チョチ　　アナヨ

별로(ビョルロ)「あまり、それほど」は、否定形とよく一緒に使われる

안(アン)を使った否定

来る 原形 오다(オダ) 語幹 오 → 丁寧形：옵니다(オムニダ)
バッチムなし　　つける

丁寧な疑問形の前に
否定の안がついて
「来ませんか？」となる

友達 は
친구는
チングヌン

来ませんか？
안　옵니까?
アノムニッカ

옵니다.の疑問形

速く発音すると、アノ
ムニッカに聞こえるよ。

못(モッ)を使った不可能

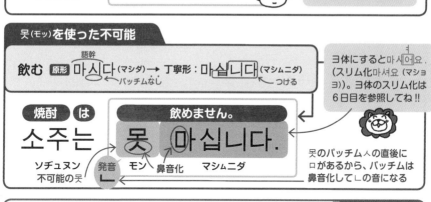

飲む 原形 마시다(マシダ) 語幹 마시 → 丁寧形：마십니다(マシムニダ)
バッチムなし　　つける

焼酎 は
소주는
ソチュヌン
不可能の못

飲めません。
못　마십니다.
発音　モン　鼻音化　マシムニダ

ヨ体にすると마셔요.
(スリム化마셔요（マショ
ヨ))。ヨ体のスリム化は
6日目を参照してね!!

못のバッチムㅅの直後に
ㅁがあるから、バッチムは
鼻音化してㄴの音になる

---

miniテスト

下線部にハングルを入れて文を完成させましょう。

カラオケに行きませんか。[行く 原 가다 (カダ)]

❶ 노래방에 가 ___ ___?
　　ノレバンエ　　カ

ヒント！
❷「食べることができない」だから不可能だよ。

キムチは食べられません。[食べる 原 먹다 (モクタ)]

❷ 김치는 ___ 먹습니다.
　　キムチヌン　　　　モクスムニダ

答え：❶지 않습니까／지 않아요 ❷못

하지만 김치는 아직 잘 못 먹어요.
ハチマン　キムチヌン　アチク　チャルモン　モゴヨ

未来・意志・推量・婉曲の表現をマスター!

明日の予定も言っちゃおう

音声 36

未来の行動を表現したいときは動詞の語幹に겠 (ケッ) をつけるよ。
また、겠は未来以外に意志、推量、婉曲的な表現にもなるよ。

パッチム関係なし	語幹に겠(ケッ)をつけるだけ	CHECK!

これだけは覚えよう!

未来・意志・推量・婉曲

語幹 ＋ 겠
ケッ

上の4つの意味のどれか1つに限らず、同時に複数の意味があることもあるよ。

例

意志・未来 [現在形]
私が　します。
제가 합니다.
チェガ　ハムニダ
→
私が　するつもりです。
제가 하겠습니다.
チェガ　ハゲッスムニダ

推量・未来 [現在形]
雨が　降ります。
비가 옵니다.
ピガ　オムニダ
→
雨が　降るでしょう。
비가 오겠습니다.
ピガ　オゲッスムニダ

婉曲 [現在形]
難しいです。
어렵습니다.
オリョプスムニダ
→
難しいでしょうね。
어렵겠습니다.
オリョプケッスムニダ

겠にはパッチムがあるからムニダ体は겠습니다.になる。

よ～く見てみよう!

未来・意志

行く 原形 가다(カダ) ＋ 겠(ケッ)
語幹

겠のムニダ体

ファンサイン会 に
팬사인회에
ペンサイヌェエ

行きます。
가겠습니다.
カゲッスムニダ

この文は単純に未来だけではなく、意志の表現でもあるよ。

復習これだけフレーズ㉚　次回は母と一緒に行くつもりです。　▶▶▶

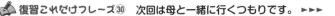

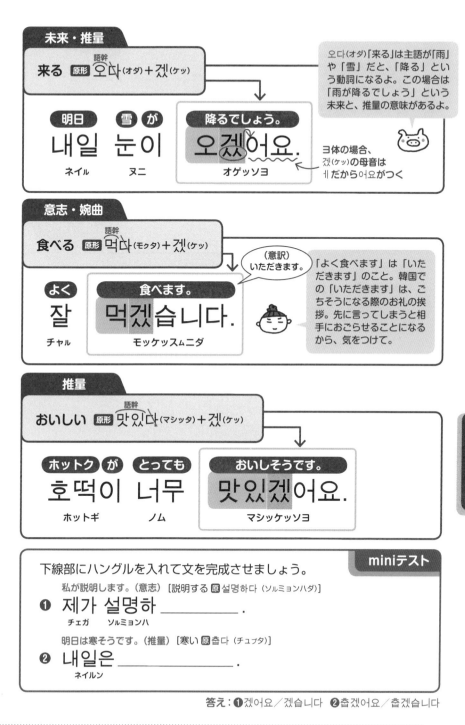

未来・推量

来る 原形 오다(オダ) + 語幹 겠(ケッ)

> 오다(オダ)「来る」は主語が「雨」や「雪」だと、「降る」という動詞になるよ。この場合は「雨が降るでしょう」という未来と、推量の意味があるよ。

明日 **雪** が **降るでしょう。**

내일 눈이 오겠어요.
ネイル　　ヌニ　　　オゲッソヨ

> ヨ体の場合、겠(ケッ)の母音は ㅔ だから어요がつく

意志・婉曲

食べる 原形 먹다(モクタ) + 語幹 겠(ケッ)

> （意訳）いただきます。

> 「よく食べます」は「いただきます」のこと。韓国での「いただきます」は、ごちそうになる際のお礼の挨拶。先に言ってしまうと相手におごらせることになるから、気をつけて。

よく **食べます。**

잘 먹겠습니다.
チャル　　モッケッスムニダ

推量

おいしい 原形 맛있다(マシッタ) + 語幹 겠(ケッ)

ホットク が **とっても** **おいしそうです。**

호떡이 너무 맛있겠어요.
ホットギ　　ノム　　　マシッケッソヨ

---

miniテスト

下線部にハングルを入れて文を完成させましょう。

私が説明します。（意志）[説明する 原 설명하다 (ソルミョンハダ)]

❶ 제가 설명하 _____ .
チェガ　　ソルミョンハ

明日は寒そうです。（推量）[寒い 原 춥다 (チュプタ)]

❷ 내일은 _____ .
ネイルン

答え：❶겠어요／겠습니다 ❷춥겠어요／춥겠습니다

다음에는 엄마와 같이 가겠어요.
タウメヌン　　オムマワ　　カチ　　カゲッソヨ

敬語表現をマスター！

目上の人には敬語で話したい〜

儒教の伝統を重んじる韓国では、
日本語と同じように年長者や目上の人に対して敬語を使うよ。

これ
だけは
覚えよう！

語幹の最後の
パッチムで変化

ムニダ体

❶ 語幹（パッチム**なし**）＋ 십니다.
シムニダ

❷ 語幹（パッチム**あり**）＋ 으십니다.
ウシムニダ

ヨ体

❸ 語幹（パッチム**なし**）＋ 세요.
セヨ

❹ 語幹（パッチム**あり**）＋ 으세요.
ウセヨ

❶ **語幹パッチムなし（ムニダ体）**

よ〜く
見て
みよう！

健康だ ［原形］ 건강하다（コンガンハダ）＋십니다（シムニダ）
　　　　　　 └─ 語幹
　　　　　　 └─ パッチムなし └─ ムニダ体

先生（様） **は** **お元気でいらっしゃいます。**

선생님께서는 　　건강하십니다.
ソンセンニムッケソヌン　　コンガンハシムニダ

目上の人に対しては、助詞も変わることがある。
「は」は께서는（ッケソヌン）、「が」は께서（ッケソ）をよく使う

復習これだけフレーズ㉛　オッパのご両親はお元気ですか？ ▶▶▶

❸ 語幹パッチムなし（ヨ体）

行く 原形 가다(カダ) 語幹 + 세요(セヨ) ヨ体
← パッチムなし

사장 (サチャン)「社長」＋님 (ニム)「様」で사장님 (サチャンニム)「社長（様）」。他人に対して身内のことを話すときも敬語を使うよ。

社長（様）は	会社 に	行かれます。
사장님께서는	회사에	가세요.
サチャンニムッケソヌン	フェサエ	カセヨ

敬語のヨ体

尊敬の意味を持つ動詞（ヨ体）

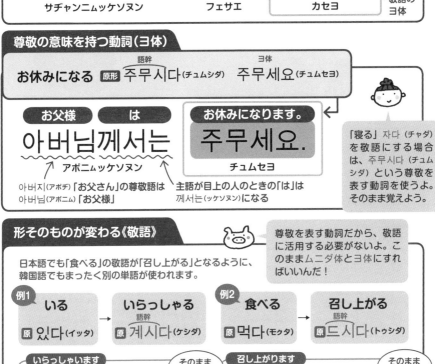

お休みになる 原形 주무시다(チュムシダ) 語幹 주무세요(チュムセヨ) ヨ体

お父様 は	お休みになります。
아버님께서는	주무세요.
アボニムッケソヌン	チュムセヨ

아버지(アボチ)「お父さん」の尊敬語は 아버님(アボニム)「お父様」

主語が目上の人のときの「は」は 께서는(ッケソヌン)になる

「寝る」자다 (チャダ) を敬語にする場合は、주무시다 (チュムシダ) という尊敬を表す動詞を使うよ。そのまま覚えよう。

形そのものが変わる《敬語》

日本語でも「食べる」の敬語が「召し上がる」となるように、韓国語でもまったく別の単語が使われます。

尊敬を表す動詞だから、敬語に活用する必要がないよ。このままムニダ体とヨ体にすればいいんだ！

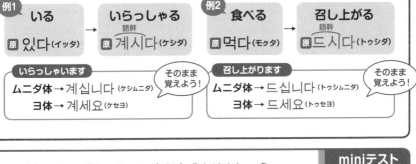

例1 いる → いらっしゃる
原 있다(イッタ) → 原 계시다(ケシダ) 語幹

いらっしゃいます
ムニダ体 → 계십니다 (ケシムニダ)
ヨ体 → 계세요 (ケセヨ)

そのまま覚えよう！

例2 食べる → 召し上がる
原 먹다(モクタ) → 原 드시다(トゥシダ) 語幹

召し上がります
ムニダ体 → 드십니다 (トゥシムニダ)
ヨ体 → 드세요 (トゥッセヨ)

そのまま覚えよう！

5日目 LESSON 5

---

miniテスト

下線部にハングルを入れて文を完成させましょう。

お元気でいらっしゃいますか？（健康でいらっしゃいますか？）

건강하＿＿＿＿＿ ？
コンガンハ

答え：십니까／세요

오빠의 부모님께서는 건강하세요 ？
オッパエ　プモニムッケソヌン　　コンガンハセヨ

音声 38

LESSON 6

可能・不可能の表現をマスター!

BBクリームを買える店を探そう

「することができる」「することができない」という
可能や不可能の表現を学ぶよ。

これだけは覚えよう!

語幹の最後のパッチムで変化 / CHECK!

可能

❶ 語幹(パッチムなし) ＋ ㄹ 수 있다 ―― 있다の ムニダ体 있습니다.
ル　ス　イッタ　　　　　　　　　　　　　　イッスムニダ

　　　　　　　　　　　　　　　　　　　　 ヨ体 있어요.
❷ 語幹(パッチムあり) ＋ 을 수 있다　　　　　　　　イッソヨ
ウル　ス　イッタ

不可能

❸ 語幹(パッチムなし) ＋ ㄹ 수 없다 ―― 없다の ムニダ体 없습니다.
ル　ス　オプタ　　　　　　　　　　　　　　オプスムニダ

　　　　　　　　　　　　　　　　　　　　 ヨ体 없어요.
❹ 語幹(パッチムあり) ＋ 을 수 없다　　　　　　　　オプソヨ
ウル　ス　オプタ

よ〜く見てみよう!

❶可能(パッチムなし)

買う 原形 사다(サダ) ＋ ㄹ(ル) 수(ス) 있습니다(イッスムニダ) / 있어요(イッソヨ)
　　　　語幹
　　　　└─パッチムなし

BBクリーム は **どこで** 買うことができますか?

BB크림은 어디서 살 수 있습니까?
BBクリムン　オディソ　サル　ス　イッスムニッカ
　　　　　　　　　　　　　　　　　　　　疑問形

❷ 可能（パッチムあり）

信じる 原形 믿다（ミッタ）＋을（ウル）수（ス）있습니다（イッスムニダ）／있어요（イッソヨ）
┗ パッチムあり

その ニュース は ｜ 信じられます。

그 뉴스는 ｜ 믿을 수 있어요.
ク ニュスヌン ｜ ミドゥル ス イッソヨ

❸ 不可能（パッチムなし）

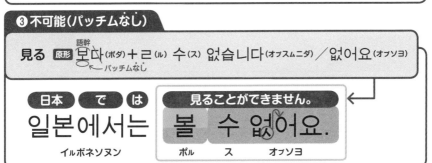

見る 原形 보다（ボダ）＋ㄹ（ル）수（ス）없습니다（オプスムニダ）／없어요（オプソヨ）
┗ パッチムなし

日本 で は ｜ 見ることができません。

일본에서는 ｜ 볼 수 없어요.
イルボネソヌン ｜ ポル ス オプソヨ

❹ 不可能（パッチムあり）

忘れる 原形 잊다（イッタ）＋을（ウル）수（ス）없습니다（オプスムニダ）／없어요（オプソヨ）
┗ パッチムあり

衝撃的な デビュー は ｜ 忘れられません。

충격적인 데뷔는 ｜ 잊을 수 없어요.
チュンギョクチョギン デビィヌン ｜ イチュル ス オプソヨ

ここにパッチムがあるから을が続くのね！

5日目 LESSON 6

---

miniテスト

下線部にハングルを入れて文を完成させましょう。

今行けますか？［行く 原가다（カダ）］

❶ 지금 ＿＿ ＿＿ ＿＿＿＿＿？
チグム

ここで食べることはできません。［食べる 原먹다（モクタ）］

❷ 여기서 ＿＿＿＿ ＿＿ ＿＿＿＿＿.
ヨギソ

答え：❶갈 수 있어요／갈 수 있습니까 ❷먹을 수 없어요／먹을 수 없습니다

저는 요즘 좀처럼 밖에 나갈 수 없어요. (107)
チョヌン ヨチュム チョムチョロム パッケ ナガル ス オプソヨ

LESSON 7

過去形をマスター！

昨日の話で盛り上がりたい〜

自分がしたことはすべて過去。過去形を学べば、昨日食べた焼き肉のことも、ちょっと前に見た韓国ドラマのことも話せるようになるよ。

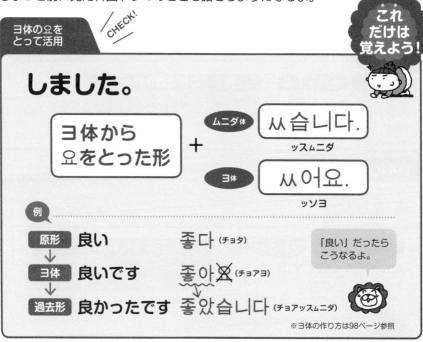

これだけは覚えよう！

ヨ体の요をとって活用 CHECK!

しました。

ヨ体から 요をとった形 ＋

ムニダ体 **从습니다.** ッスムニダ

ヨ体 **从어요.** ッソヨ

例

原形	良い	좋다 (チョタ)
ヨ体	良いです	좋아요 (チョアヨ)
過去形	良かったです	좋았습니다 (チョアッスムニダ)

「良い」だったらこうなるよ。

※ヨ体の作り方は98ページ参照

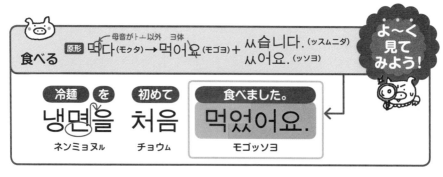

よ〜く見てみよう！

食べる 原形 먹다(モクタ) → 母音が┏┠以外 ヨ体 먹어요(モゴヨ) ＋ 从습니다.(ッスムニダ) 从어요.(ッソヨ)

冷麺 を **初めて** **食べました。**

냉면을 처음 먹었어요.
ネンミョヌル チョウム モゴッソヨ

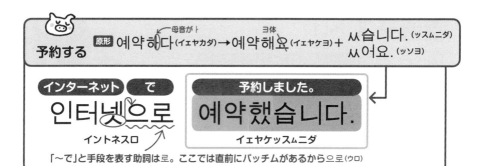

予約する

原形 예약하다 (イェヤカダ) → 母音が ト → 予体 예약해요 (イェヤケヨ) + ㅆ습니다. (ッスムニダ)
ㅆ어요. (ッソヨ)

インターネット **で**
인터넷으로
イントネスロ

予約しました。
예약했습니다.
イェヤケッスムニダ

「〜で」と手段を表す助詞は로。ここでは直前にパッチムがあるから으로 (ウロ)

「予約する」 예약하다 (イェヤカダ) の予体への活用

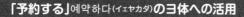

原形
語幹
예약하다
↓
해요 → 예약해요
イェヤケヨ

하다 (ハダ) の予体は해요 (ヘヨ)。だから예약하다 (イェヤカダ) は예약해요 (イェヤケヨ) になるよ。하다のつく動詞や形容詞はみんな同じ。そのまま覚えてしまおう。

予体の
できあがり！

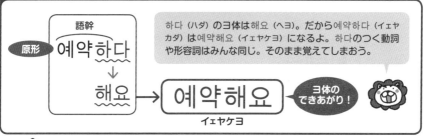

多い

原形 많다 (マンタ) → 母音が ト → 予体 많아요 (マナヨ) + ㅆ습니다. (ッスムニダ)
ㅆ어요. (ッソヨ)

メンバーたち(の) **間** **で** **問題** **が** **たくさんありました。**
멤버들 사이에서 문제가 많았어요.
メムボドゥル サイエソ ムンチェガ マナッソヨ
複数を表す

들 (トゥル) は韓国語では複数を表す「たち」のこと。日本語にはあまり訳さないよ。

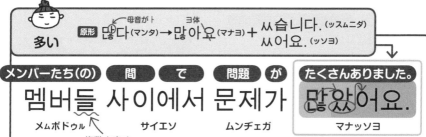

---

miniテスト

下線部にハングルを入れて文を完成させましょう。

解散コンサートもありませんでした。[ない 原없다 (オプタ)、解体・解散：해체 (ヘチェ)]

❶ 해체 콘서트도 _____ .
　　ヘチェ　　コンソトゥド

オッパの記事を読みました。[読む 原읽다 (イクタ)、記事：기사 (キサ)]

❷ 오빠의 기사를 _____ .
　　オッパエ　　キサルル

答え：❶없었습니다／없었어요 ❷읽었습니다／읽었어요

작년에 서울에서 사진집을 샀어요.
チャンニョネ　ソウレソ　　サチンチブル　サッソヨ

復習テスト①

「食べる」という動詞を
ヨ体に活用して
文を完成させよう。

食べる 먹다
モクタ

❶ (私 は)(これを)(食べます。)

저는 이걸 _____.
チョヌン イゴル

私はこれを食べます。

❷ (朝)((に)は)(ない)(食べます。)

아침에는 ___ _____.
アチメヌン

朝は食べません。

❸ (よく)(食べます。)

잘 _____.
チャル

いただきます。

意志・未来だよ。

❹ (たくさん)(お召し上がりください。)

많이 _____.
マニ

たくさんお召し上がりください。

敬語は別の動詞を使うよ。
丁寧な命令だから
ヨ体になるよ。

❺ (ビビンバ)(を)(食べました。)

비빔밥을 _____.
ビビムパブル

ビビンバを食べました。

答え：❶먹어요　❷안 먹어요　❸먹겠어요　❹드세요　❺먹었어요

6日目 レベル6
「動詞＆形容詞①」を クリア！

いよいよ、「ゆる文法」のゴールは目の前。
ここからちょっとレベルがアップ！
ここでは、動詞や形容詞の活用を学ぶよ。
動詞によってはヨ体などに活用するときに、
特殊な変化をするものがあるから気をつけて。
代表的な動詞と変則活用のルールをしっかり覚えよう！

「動詞／あげる・くれる」編

「チュォヨ」には「あげます」と「くれます」2つの意味があるよ。

まとめて覚えよう！⑨

動詞・形容詞の活用①

ダイエットルール①

母音が ト → ト ＋ 아 → ト

例 行く 가다→가아요→가요
　　カダ　　カアヨ　　カヨ

ダイエットルール②

母音が ㅓ → ㅓ ＋ 어 → ㅓ

例 立つ 서다→서어요→서요
　　ソダ　　ソオヨ　　ソヨ

ダイエットルール③

母音が ㅗ → ㅗ ＋ 아 → ㅘ

例 来る 오다→오아요→와요
　　オダ　　オアヨ　　ワヨ

ダイエットルール④
P116〜117

母音が ㅚ → ㅚ ＋ 어 → ㅙ

例 なる 되다→되어요→돼요
　　トェダ　　トェオヨ　　トェヨ

ダイエットルール⑤

母音が ㅣ → ㅣ ＋ 어 → ㅕ

例 待つ 기다리다→기다리어요→기다려요
　　キダリダ　　キダリオヨ　　キダリョヨ

ダイエットルール⑥
P118〜119

母音が ㅕ → ㅕ ＋ 어 → ㅕ

例 灯す 켜다→켜어요→켜요
　　キョダ　　キョオヨ　　キョヨ

ダイエットルール⑦
P120〜121

母音が ㅜ → ㅜ ＋ 어 → ㅝ

例 学ぶ 배우다→배우어요→배워요
　　ペウダ　　ペウオヨ　　ペウォヨ

ㄷ変則のルール
ティグッ
P122〜123

語幹の最後のパッチムㄷをㄹにする ＋ 어요

例 聞く 듣다→들＋어요→들어요
　　トゥッタ　トゥル　オヨ　　トゥロヨ

ㄹ語幹のルール
リウル
P124〜125

語幹の最後のパッチムㄹがなくなる

例 知る・わかる（知っている）

ムニダ体 알다→아＋ㅂ니다→압니다
　　　　アルダ　ア　　ムニダ　　アムニダ

敬語のヨ体 알다→아＋세요→아세요
　　　　アルダ　ア　セヨ　　アセヨ

ㄹ変則のルール
ル
P126〜127

（르の直前がㅏㅗ） 르다→ㄹ라요
　　　　　　　　ルダ　　ルラヨ

例 異なる 다르다 → 달라요
　　タルダ　　タルラヨ

（르の直前がㅏㅗ以外） 르다→ㄹ러요
　　　　　　　　　ルダ　　ルロヨ

例 歌う 부르다 → 불러요
　　プルダ　　プルロヨ

動詞の連体形
P128〜129

	動詞の語幹 ＋	未来		現在		過去	
パッチムなし（語幹の最後にパッチムなし）	動詞の語幹 ＋	ㄹ ル		는 ヌン		ㄴ ン	
パッチムあり（語幹の最後にパッチムあり）	動詞の語幹 ＋	을 ウル		는 ヌン		은 ウン	

6日目

LESSON 1

ヨ体のスリム化①をマスター!

「買う」という動詞を使いこなそう

98ページで学んだヨ体の基本ルールは覚えてる?
パッチムのない動詞や形容詞のヨ体は「スリム化」する場合があるよ。
スリム化する動詞や形容詞を見極めるには、語幹の母音に注目してね。

**パッチムのない
語幹の最後の母音に注目** CHECK!

これ
だけは
覚えよう!

ダイエットルール① 語幹の最後の母音が ト → ト + 아 → ト

行く 가다(カダ)

ダブリ   ダブリはとる

가아요 → 가~~아~~요 → 가요

カアヨ ── 母音ト   カヨ

ダイエットルール② 語幹の最後の母音が ㅓ → ㅓ + 어 → ㅓ

立つ 서다(ソダ)

ダブリ   ダブリはとる

서어요 → 서~~어~~요 → 서요

ソオヨ ── 母音ト ㅗ以外   ソヨ

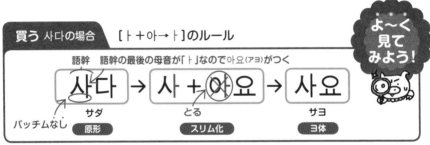

買う 사다の場合   [ト + 아 → ト]のルール

よ~く
見て
みよう!

語幹 語幹の最後の母音が「ト」なので아요(アヨ)がつく

사다 → 사 + ~~아~~요 → 사요

パッチムなし
サダ   とる   サヨ
原形   **スリム化**   **ヨ体**

丁寧

私 は　　ロッテデパート　　で　　買います。

저는 롯데백화점에서 **사요.**

チョヌン　　　ロッテペクァチョメソ　　　サヨ

語幹(母音ㅏ) + 요.

ムニダ体の場合

삽니다.
サムニダ

語幹(パッチムなし) + ㅂ니다.

否定

リップクリーム は　　買いません。

립크림은 **안 사요.**

リプクリムン　　アン　サヨ

안 + 丁寧形

ムニダ体の場合

안 삽니다.
アン　　サムニダ

안 + 丁寧形

敬語

贈り物 を　たくさん　買われます。

선물을 많이 **사세요.**

ソンムルル　　マニ　　サセヨ

語幹(パッチムなし) + 세요.

復習
語幹にパッチムがある場合は、세요／십니다の前に、으（ウ）がつくんだよね。

ムニダ体の場合

사십니다.
サシムニダ

語幹(パッチムなし) + 십니다.

未来・意志・推量・婉曲

明日　必ず　買います。

내일 꼭 **사겠어요.**

ネイル　ッコク　サゲッソヨ

語幹 + 겠어요.

ムニダ体の場合

사겠습니다.
サゲッスムニダ

語幹 + 겠습니다.

可能

どこで　　買うことができますか？

어디서 **살 수 있어요?**

オディソ　サル　ス　イッソヨ

語幹(パッチムなし) + ㄹ 수 있어요.

不可能 「買うことはできません」

살 수 없어요.
サル　ス　オプソヨ

過去

あの　店　で　　買いました。

저 가게에서 **샀어요.**

チョ　カゲエソ　サッソヨ

ヨ体から요をとった形 + ㅆ어요.

ヨ体の요をとって ㅆ어요をつけるんだよ！

사 요 + ㅆ어요
サ　　　　　　ッソヨ

일본에서는 못 사요. **115**
イルボネソヌン　モッ　サヨ

ヨ体のスリム化②をマスター!

「見る」という動詞をよく見てみよう

スリム化にはおもな7つのパターンがあるよ。
このレッスンでは「形が合体する」スリム化のパターンを学んでみよう。

語幹の最後の母音に注目 CHECK!

これだけは覚えよう!

ダイエットルール③ 語幹の最後の母音が ㅗ → ㅗ + 아 → ㅘ

来る 오다 (オダ)

오아요 → 오<del>아</del>요 → 와요
オアヨ   ワヨ

合体

ダイエットルール④ 語幹の最後の母音が ㅚ → ㅚ + 어 → ㅙ

なる 되다 (トェダ)

되어요 → 되<del>어</del>요 → 돼요
トェオヨ   トェヨ

合体

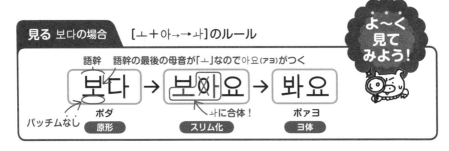

見る 보다の場合　[ㅗ + 아 → ㅘ]のルール

よ〜く見てみよう!

語幹　語幹の最後の母音が「ㅗ」なので아요(アヨ)がつく

보다 → 보<del>아</del>요 → 봐요
パッチムなし　　　ㅘに合体!
ポダ　　　　　ポァヨ　　　　ポァヨ
原形　　　　　スリム化　　　　ヨ体

文型6パターン　　見る 原形 보다 (ポダ) 語幹「보」(ポ)

丁寧

いつも	DVD	を	見ます。
항상	DVD를		봐요.
ハンサン	ティブイディルル		ポァヨ

語幹(母音ㅗ) + ㅏ요.

ムニダ体の場合

봅니다.
ポムニダ

語幹(パッチムなし) + ㅂ니다.

否 定

漫画	は	見ません。
만화는	안	봐요.
マヌァヌン	アン	ポァヨ

안 + 丁寧形

「見ません」は보지 않아요.(ポチ アナヨ)보지 않습니다.(ポチ アンスムニダ)ともいうよ。

ムニダ体の場合

안 봅니다.
アン　ポムニダ
안 + 丁寧形

敬 語

博物館	で	ごゆっくり	ご覧になります。
박물관에서		천천히	보세요.
パンムルグァネソ		チョンチョニ	ポセヨ

語幹(パッチムなし) + 세요.

ムニダ体の場合

보십니다.
ポシムニダ

語幹(パッチムなし) + 십니다.

未来・意志・推量・婉曲

次(の)	機会	に	見ます。
다음	기회에		보겠어요.
タウム	ギフェエ		ポゲッソヨ

語幹 + 겠어요.

ムニダ体の場合

보겠습니다.
ポゲッスムニダ

語幹 + 겠습니다.

可 能

また	会うことができますか?
다시	볼 수 있어요?
タシ	ボル　ス　イッソヨ

語幹(パッチムなし) + ㄹ 수 있어요.

不可能 「会うことはできません」

볼 수 없어요.
ボル　ス　オプソヨ

보다 (ポダ) には「会う」という意味もあるよ。

過 去

先週	に	見ました。
지난주에		봤어요.
チナンチュエ		ポァッソヨ

ヨ体から요をとった形 + ㅆ어요.

ヨ体の요をとって ㅆ어요をつけるんだよ！

봐요 + ㅆ어요
ポァヨ　　ッソヨ

ヨ体のスリム化③をマスター!

しっかり学んで、心おきなく飲みたい〜

語幹の最後の母音が｜や╡の動詞や形容詞のスリム化パターンを学ぶよ。
｜で終わる動詞には「飲む」や「待つ」のようなよく使う動詞があるよ。

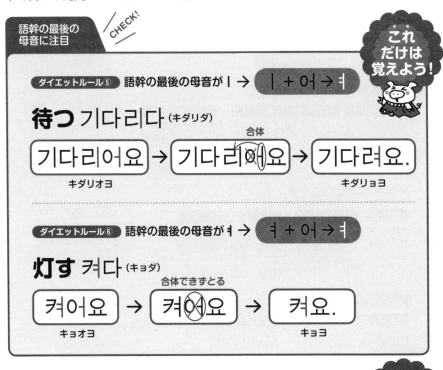

語幹の最後の母音に注目 CHECK!

これだけは覚えよう!

ダイエットルール⑤ 語幹の最後の母音が｜ → ｜ + 어 → ╡

待つ 기다리다（キダリダ）

기다리어요 → 기다리(X)요 → 기다려요.
キダリオヨ　　　　　合体　　　　　　キダリョヨ

ダイエットルール⑥ 語幹の最後の母音が╡ → ╡ + 어 → ╡

灯す 켜다（キョダ）

켜어요 → 켜(X)요 → 켜요.
キョオヨ　合体できずとる　　　キョヨ

よ〜く見てみよう!

飲む 마시다の場合　　[｜ + 어 → ╡]のルール

語幹　　語幹の最後の母音が「ト・ㅗ以外」なので어요（オヨ）がつく

마시다 → 마시(X)요 → 마셔요
　マシダ　　　　셔　　　　　マショヨ
パッチムなし **原形**　　**スリム化**　　**ヨ体**

復習これだけフレーズ㊱ メンバーとはお酒飲みませんか? ▶▶▶

文型6パターン | 飲む 原形 마시다 (マシダ) 語幹 「마시」 (マシ)

丁寧

朝 **(に)** **は** **コーヒー** **を** **飲みます。**
아침에는 커피를 마셔요.
アチメヌン　コピルル　マショヨ
語幹(母音 | をとる) + ㅕ요.

ムニダ体の場合
마십니다.
マシムニダ
語幹(バッチムなし) + ㅂ니다.

否定

家 **で** **お酒** **は** **飲みません。**
집에서 술은 안 마셔요.
チベソ　スルン　アン　マショヨ
안 + 丁寧形

ムニダ体の場合
안 마십니다.
アン　マシムニダ
안 + 丁寧形

敬語

ウィスキー **は** **飲まれますか？**
양주는 드세요?
ヤンチュヌン　トゥセヨ
語幹(バッチムなし) + 세요.

敬語にする場合、마시다を活用せずに、一般的に드시다 (トゥシダ)「召し上がる」という動詞を使うよ。

未来・意志・推量・婉曲

おいしく **飲みます。**
잘 마시겠어요.
チャル　マシゲッソヨ
語幹 + 겠어요.

ムニダ体の場合
마시겠습니다.
マシゲッスムニダ
語幹 + 겠습니다.

飲み物を贈られたり、ふるまわれたりしたときのお礼の言葉としてよく使われるよ。

可能

屋台 **で** **も** **飲むことができますか？**
포장마차에서도 마실 수 있어요?
ポチャンマチャエソド　マシル　ス　イッソヨ
語幹(バッチムなし) + ㄹ 수 있어요.

過去

インサドン **で** **飲みました。**
인사동에서 마셨어요.
インサドンエソ　マショッソヨ
ㅛ体から요をとった形 + ㅆ어요.

ㅛ体の요をとって
ㅆ어요をつけるんだよ！
마셔요 + ㅆ어요
マショヨ　ッソヨ

インサドンはソウルにある地名。伝統茶房が多いことで有名だよ。

6日目 LESSON 3

멤버들하고는 술 안 마셔요?
メムボドゥル　ハゴヌン　スル　アン　マショヨ

(119)

ヨ体のスリム化④をマスター!

주다 (チュダ)「くれる」のスリム化ルールを教えてくれる?

日本語では「(自分が相手に)あげる」と「(相手が自分に)くれる」は明確に違う動詞。でも韓国語では、どちらも주다 (チュダ)。ちょっと紛らわしいこの動詞を、ダイエットルールと一緒にしっかりものにしよう。

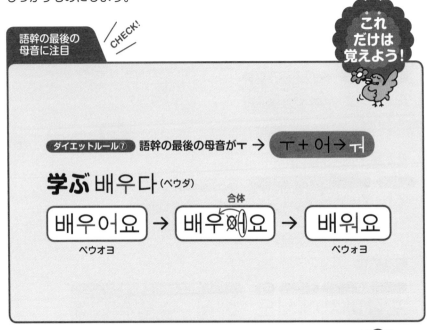

語幹の最後の母音に注目 CHECK!

これだけは覚えよう!

ダイエットルール⑦ 語幹の最後の母音が ㅜ → ㅜ + 어 → ㅝ

学ぶ 배우다 (ペウダ)

배우어요 → 배우어요(合体) → 배워요
ペウオヨ   ペウォヨ

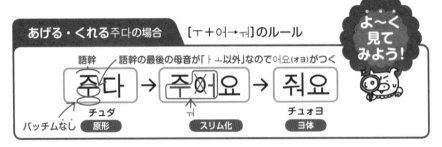

あげる・くれる 주다の場合   [ㅜ+어→ㅝ]のルール

よ〜く見てみよう!

語幹   語幹の最後の母音が「ㅏㅗ以外」なので어요(オヨ)がつく

주다 → 주어요 → 줘요
チュダ   チュオヨ   チュォヨ
パッチムなし **原形**   **スリム化**   **ヨ体**

文型6パターン	あげる・くれる 原形 주다(チュダ) 語幹「주」(チュ)

丁 寧

生日(センイル)「誕生日」の漢字は「生日」。

彼氏	は	誕生日	に	花	を	くれます。

남자 친구는 생일에 꽃을 **줘요.**

ナムチャチングヌン　　　　センイレ　ッコチュル　チュオヨ

語幹(母音ㅜ) + ㅓ요.

ムニダ体の場合

줍니다.

チュムニダ

語幹(パッチムなし) + ㅂ니다.

否 定

ただ	で	絶対	くれません。

공짜로 절대 **안 줘요.**

コンッチャロ　チョルテ　アン　チュオヨ

안 + 丁寧形

ムニダ体の場合

안 줍니다.

アン　チュムニダ

안 + 丁寧形

敬 語

愛	を	ください。

사랑을 **주세요.**

サランウル　チュセヨ

語幹(パッチムなし) + 세요.

ムニダ体の場合

주십니다.

チュシムニダ

語幹(パッチムなし) + 십니다.

未来・意志・推量・婉曲

僕の	すべて(の)	(もの)	を	あげます。

내 모든 것을 **주겠어요.**

ネ　モドゥン　ゴスル　チュゲッソヨ

語幹 + 겠어요.

ムニダ体の場合

주겠습니다.

チュゲッスムニダ

語幹 + 겠습니다.

可 能

現金	で	くれることができますか?

현금으로 **줄 수 있어요?**

ヒョングムロ　チュル　ス　イッソヨ

語幹(パッチムなし) + ㄹ 수 있어요.

不可能「あげられません」

줄 수 없어요.

チュル　ス　オプソヨ

過 去

友達	が	教えて	くれました。

친구가 가르쳐 **줬어요.**

チングガ　カルチョ　チュオッソヨ

ヨ体から요をとった形 + ㅆ어요.

ヨ体の요をとって ㅆ어요をつけるんだよ!

줘<del>요</del> + ㅆ어요

チュオヨ　ッソヨ

6日目 LESSON 4

홈페이지에 사생활도 좀 소개해 주세요. (121)

ホムペイヂエ　サセンファルド　チョム　ソゲヘ　チュセヨ

ㄷ変則の動詞をマスター！

ㄷ変則はこの3つ

ㄷの発音：디귿（ティグッ）

語幹がパッチムのㄷで終わる動詞の中に、ヨ体になるときにㄷがㄹに変わるものがあるよ。ㄷ変則はそんなに多くないから、とりあえず次の3つを覚えよう。

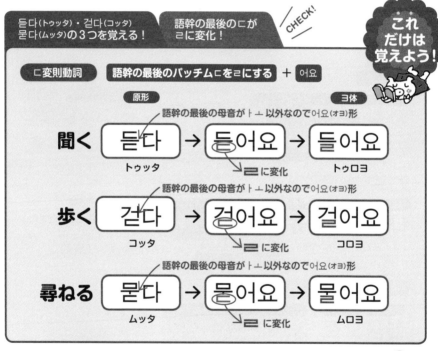

듣다（トゥッタ）・걷다（コッタ）
묻다（ムッタ）の3つを覚える！

語幹の最後のㄷが
ㄹに変化！

CHECK!

これ
だけは
覚えよう！

ㄷ変則動詞　**語幹の最後のパッチムㄷをㄹにする** ＋ 어요

原形　　　　　　　　　　　　　　　ヨ体

聞く　語幹の最後の母音がㅏㅗ以外なので어요（オヨ）形
듣다 → 들어요 → 들어요
トゥッタ　　ㄹに変化　　トゥロヨ

歩く　語幹の最後の母音がㅏㅗ以外なので어요（オヨ）形
걷다 → 걸어요 → 걸어요
コッタ　　ㄹに変化　　コロヨ

尋ねる　語幹の最後の母音がㅏㅗ以外なので어요（オヨ）形
묻다 → 물어요 → 물어요
ムッタ　　ㄹに変化　　ムロヨ

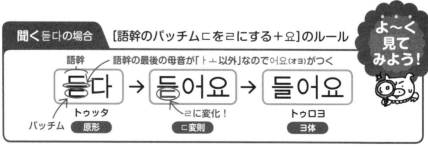

聞く듣다の場合　[語幹のパッチムㄷをㄹにする＋요]のルール

よ〜く
見て
みよう！

語幹　語幹の最後の母音が「ㅏㅗ以外」なので어요（オヨ）がつく
듣다 → 들어요 → 들어요
パッチム　トゥッタ　ㄹに変化！　ムロヨ　　トゥロヨ
原形　　　　　ㄷ変則　　　　ヨ体

文型6パターン 　　聞く　原形 듣다（トゥッタ）　語幹「듣」（トゥッ）

丁 寧

朝（の）　ニュース　を　　　**聞きます。**

아침 뉴스를 들어요.

アチム　　ニュスルル　　　トゥロヨ
語幹（パッチムㄷ→ㄹ）＋ 어요.

ムニダ体の場合

듣습니다.

トゥッスムニダ
語幹（パッチムあり）＋ 습니다.

否 定

僕の　言うこと　を　　　**聞きません。**

내 말을 안 들어요.

ネ　　マルル　　アン　　ドゥロヨ
안 ＋ 丁寧形（ㄷ変則）

ㄷ変則

ムニダ体の場合

안 듣습니다.

アン　ドゥッスムニダ
안 ＋ 丁寧形

敬 語

何の　　曲　を　　　**聴かれますか？**

무슨 곡을 들으세요?

ムスン　ゴグル　　トゥルセヨ
語幹（パッチムㄷ→ㄹ）＋ 으세요.

変則注意！

変則注意！ **ムニダ体の場合**

들으십니까?

トゥルシムニッカ
語幹（ㄷ→ㄹ）＋ 으십니까?

未来・意志・推量・婉曲

家　で　　一人で　　　**聴きます。**

집에서 혼자 듣겠어요.

チベソ　　ホンチャ　　トゥッケッソヨ
語幹 ＋ 겠어요.

ムニダ体の場合

듣겠습니다.

トゥッケッスムニダ
語幹 ＋ 겠습니다.

可 能

変則注意！

パソコン で　　**聴くことができますか？**

PC로 들을 수 있어요?

ピシロ　　トゥルル　ス　イッソヨ
語幹（パッチムㄷ→ㄹ）＋ 을 수 있어요.

不可能 「聴くことができません」

ㅂ体 들을 수 없어요.

トゥルル　ス　オプソヨ

過 去

その　話　は　昨日　初めて　　**聞きました。**

그 얘기는 어제 처음 들었어요.

ク　イェギヌン　　オチェ　チョウム　トゥロッソヨ
얘기는 이야기（イヤギ）のスリム化
ㅋ体から요をとった形 ＋ 써어요.

変則注意！

ㅋ体の요をとって
써어요をつけるんだよ！

들어요 ＋ 써어요
トゥロ　　　ッソ

6日目 LESSON 5

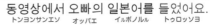

동영상에서 오빠의 일본어를 들었어요.
トンヨンサンエソ　オッパエ　イルボノルル　トゥロッソヨ

ㄹ(リウル)語幹をマスター！

「知る」という動詞の活用を知ってる？　　　ㄹの発音：리을（リウル）

動詞や形容詞の中には、語幹の最後がㄹパッチムで終わるㄹ語幹とよばれる特殊な仲間があるよ。ヨ体は普通のルール通りだけれど、ムニダ体や敬語などが変則的な活用をするよ。

これだけは覚えよう！

語幹の最後にㄹがついたら注意！ CHECK!

ㄹ語幹の動詞・形容詞　**語幹の最後のパッチムㄹがなくなる**

売る
ヨ体
팔아요
母音が「ㅏ」

原形
팔다 パルダ → 팔ㅂ니다（ㄹがなくなる） → 팝니다（ムニダ体）パムニダ

原形
팔다 パルダ → 팔세요（ㄹがなくなる） → 파세요（敬語のヨ体）パセヨ

長い
ヨ体
길어요
母音が「ㅏㅗ以外」

原形
길다 キルダ → 길ㅂ니다（ㄹがなくなる） → 깁니다（ムニダ体）キムニダ

原形
길다 キルダ → 길세요（ㄹがなくなる） → 기세요（敬語のヨ体）キセヨ

知る・わかる 알다の場合　　**［語幹のパッチムㄹがなくなる＋ㅂ니다］のルール**

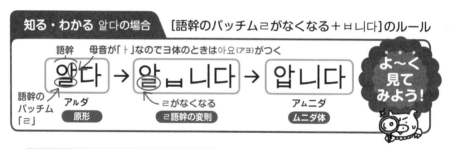

語幹　母音が「ㅏ」なのでヨ体のときは아요(アヨ)がつく
알다 → 알ㅂ니다 → 압니다
語幹のパッチム「ㄹ」　アルダ　原形　ㄹがなくなる／ㄹ語幹の変則　アムニダ／ムニダ体

よ～く見てみよう！

📖 復習これだけフレーズ㊴　挨拶の言葉くらいの韓国語は私もわかります。　▶▶▶

丁寧

その	話	は	知っています。

그 얘기는 알아요.
ク　イェギヌン　　　アラヨ

語幹(母音ㅏ) + 아요.

変則注意！ **ムニダ体の場合**

압니다.
アムニダ

語幹のパッチムㄹがなくなる + ㅂ니다.

否定

모르다 (モルダ)「知らない」という動詞があるから、
알다「知る」は否定形ではあまり使わないよ。
모르다については 127 ページを参照してね。

敬語

日本(での)	発売日(を)	ご存知ですか？

일본 발매일 아세요?
イルボン　バルメイル　　アセヨ

語幹のパッチムㄹがなくなる + 세요.

変則注意！ **ムニダ体の場合**

아십니까?
アシムニッカ

語幹のパッチムㄹがなくなる + 십니까?

未来・意志・推量・婉曲

慣用表現

はい	わかりました。

네, 알겠어요.
ネ　　アルゲッソヨ

語幹 + 겠어요.

何かを聞いて「わかりました」と返事をするときに、この겠を使うよ。意味としては婉曲。

可能

理由	は	わかりません(知ることができません)。

이유는 알 수 없어요.
イユヌン　アル　ス　オプソヨ

語幹のパッチムㄹがなくなる + ㄹ 수 없어요.

変則注意！ **ㄹがとれて、またつく！**
「可能」も実は変則活用

알 + ㄹ 수 없어요.
アル　　　　ス　オプソヨ
とる　またつく

過去

ついに	本名	が(を)	わかりました。

드디어 본명을 알았어요.
トゥディオ　ボンミョンウル　アラッソヨ

ヨ体から요をとった形 + ㅆ어요.

ヨ体の요をとって
ㅆ어요をつけるんだよ！

알아요 + ㅆ어요
アラヨ　　　ッソヨ

6日目 LESSON 6

인사말 정도의 한국어는 저도 알아요.
インサマル　チョンドエ　ハングゴヌン　チョド　アラヨ

LESSON **7**

르変則をマスター!

르変則を知らないなんてもう言わせない

語幹の最後が르(ル)で終わっている動詞や形容詞を知ってる?
え、知らない? そう! 「知らない」という動詞が代表的だよね。

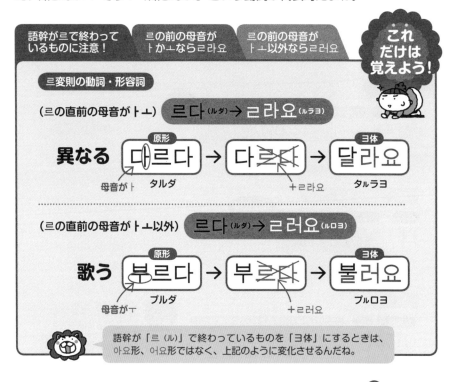

| 語幹が르で終わっているものに注意! | 르の前の母音が ├ か ┴ なら ㄹ라요 | 르の前の母音が ├ ┴ 以外なら ㄹ러요 |

これだけは覚えよう!

르変則の動詞・形容詞

(르の直前の母音が├┴) 르다(ルダ)→ ㄹ라요(ルラヨ)

異なる 다르다 → 다르다 → 달라요
母音が├ タルダ　　　+ㄹ라요　　タルラヨ

(르の直前の母音が├┴以外) 르다(ルダ)→ ㄹ러요(ルロヨ)

歌う 부르다 → 부르다 → 불러요
母音が┬ プルダ　　　+ㄹ러요　　プルロヨ

語幹が「르(ル)」で終わっているものを「ヨ体」にするときは、아요形、어요形ではなく、上記のように変化させるんだね。

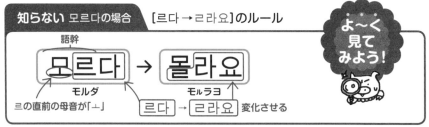

知らない 모르다の場合　[르다→ㄹ라요]のルール

よ〜く見てみよう!

語幹 모르다 → 몰라요
モルダ　　　モルラヨ
르の直前の母音が「┴」　르다→ㄹ라요　変化させる

復習これだけフレーズ④ でも、文法はよくわかりません。 ▶▶▶

丁寧

事情 は　知りません。

사정은 몰라요.

サチョンウン　モルラヨ

語幹(르をとる) + 르라요.

ムニダ体の場合

모릅니다.

モルムニダ

語幹(パッチムなし) + ㅂ니다.

否定

알다 (アルダ)「知っている」という動詞があるから、
「知らない」の否定形はあまり使わないよ。
알다については125ページを参照してね。

敬語

その 事件 を　ご存じないのですか？

그 사건을 모르세요?

ク　サコヌル　モルセヨ

語幹(パッチムなし) + 세요.

ムニダ体の場合

모르십니까?

モルシムニッカ

語幹(パッチムなし) + 십니까?

未来・意志・推量・婉曲

よく　わかりません。

잘 모르겠어요.

チャル　モルゲッソヨ

語幹 + 겠어요.

ムニダ体の場合

모르겠습니다.

モルゲッスムニダ

語幹 + 겠습니다

何か聞かれたとき
に「よくわかりませ
ん」と婉曲に答える
ときの言葉だよ。

可能

どうして この グループ を　知らないはずがありますか？

어떻게 이 그룹을 모를 수 있어요?

オットケ　イ　グルブル　モルル　ス　イッソヨ

語幹(パッチムなし) + ㄹ 수 있어요.

過去

르変則のヨ体

コンサート が キャンセル？ 全然　知りませんでした。

콘서트가 취소? 전혀 몰랐어요.

コンソトゥガ　チュィソ　チョニョ　モルラッソヨ

ヨ体から요をとった形 + ㅆ어요.

취소 (チュィソ)は
漢字で「取消」。

하지만 문법은 잘 몰라요.
ハジマン　ムンポブン　チャル　モルラヨ

動詞の連体形をマスター!

昨日「食べた焼肉」のことも話したい〜

「ソウルタワーで見た景色」、「友達に買うお土産」、
「ソウルで食べたカルビ」。動詞を連体形にすることによって、
よりリアルな表現が可能になるよ。

これだけは覚えよう!

語幹の最後のパッチムで変化

動詞の語幹(パッチム**なし**)	+	未来 **ㄹ** ル	現在 **는** ヌン	過去 **ㄴ** ン
例 **見る** 보다 (ボダ) (語幹 보) パッチム**なし**		見る景色 **볼 경치** ボル ギョンチ	見ている景色 **보는 경치** ボヌン ギョンチ	見た景色 **본 경치** ボン ギョンチ

動詞の語幹(パッチム**あり**)	+	**을** ウル	**는** ヌン	**은** ウン
例 **履く** 신다 (シンタ) (語幹 신) パッチム**あり**		履く靴 **신을 구두** シヌル クドゥ	履いている靴 **신는 구두** シンヌン クドゥ	履いた靴 **신은 구두** シヌン クドゥ

語幹
愛する 사랑하다 (サランハダ)
←パッチム**なし**

よ〜く見てみよう!

私 が｜愛している｜人｜です。

제가 사랑하는 사람이에요.
チェガ　サランハヌン　　サラミエヨ

語幹(パッチムなし) ＋ 는(現在)

  復習これだけフレーズ㊶　今年は韓国語も一生懸命勉強する予定です。　▶▶▶

見る ^{語幹} 보다 (ポダ)
←バッチムなし

昨日	見た	映画	は	面白かったです。

어제　본　영화는　재미있었어요.
オチェ　ボン　ヨンファヌン　チェミイッソッソヨ

語幹(バッチムなし) ＋ ㄴ(過去)

재미있다(チェミイッタ)の過去形の요体

ㄹ語幹注意！ **知る** ^{語幹} 알다 (アルダ)
←バッチムあり ㄹ語幹

変則！ 아

「知る」のようにㄹ語幹の動詞の場合は、まず語幹のㄹが落ちてから、ㄹ（未来）、는（現在）、ㄴ（過去）がつくよ。

韓国	に	知っている	人	が	いますか？

한국에 →아는　사람이　있어요?
ハングゲ　アヌン　サラミ　イッソヨ

変則活用 ＋ 는(現在)

例 **作る** 만들다 (マンドゥルダ)

未来 **作る料理** 만들 요리 (マンドゥル ヨリ)　現在 **作っている料理** 만드는 요리 (マンドゥヌン ヨリ)
過去 **作った料理** 만든 요리 (マンドゥン ヨリ)

食べる ^{語幹} 먹다 (モクタ)
←バッチムあり

これは	明日	食べる	料理	です。

이건　내일　먹을　요리예요.
イゴン　ネイル　モグル　ヨリエヨ

語幹(バッチムあり) ＋ 을(未来)

---

miniテスト

下線部にハングルを入れて文を完成させましょう。

市場で買ったスカート。[買う 原 사다 (サダ)]

시장에서 ＿＿＿ 치마.
シチャンエソ　　　チマ

答え：산

올해는 한국어도 열심히 공부할 예정이에요. **129**
オレヌン　ハングゴド　ヨルシミ　コンブハル　イェチョンイエヨ

復習テスト②

それぞれ動詞をヨ体にして文を完成させよう。

❶
韓国 に 行きます。

한국에 _____.
ハングゲ

韓国に行きます。

行く 가다
カダ

---

❷
映画 を 見ます

영화를 _____.
ヨンファルル

映画を見ます。

見る 보다
ポダ

---

❸
ここで 待ちます。

여기서 _____.
ヨギソ

ここで待ちます。

待つ 기다리다
キダリダ

---

❹
それを ください。

그걸 _____.
クゴル

尊敬語で！

くれる 주다
チュダ

それをください。

---

❺
よく わかりません。

잘 _____.
チャル

よくわかりません。

知らない 모르다
モルダ

答え：**❶**가요 **❷**봐요 **❸**기다려요 **❹**주세요 **❺**몰라요

7日目 レベル7
「動詞＆形容詞②」を
クリア!

7DAYS YURU BUNPOU* 7TH DAY LEVEL7

「ゆる文法」もとうとうゴール！
6日目同様、特殊な活用の動詞と形容詞を学ぶよ。
ルールは公式化されているから、それさえ覚えてしまえば、
どんな単語にも応用できるよ！
マスターできたら、さっそくいろんな単語を使って、
実際に話してみよう。
夢の「憧れの韓流アイドルと会話！」もついに実現！?

まとめて覚えよう！⑩

動詞・形容詞の活用②

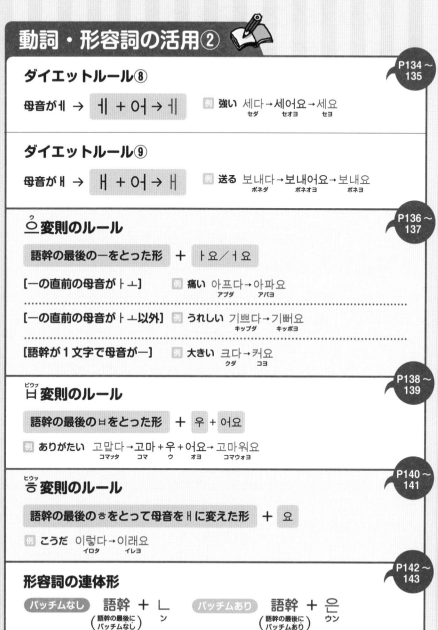

ダイエットルール⑧

P134〜135

母音が ㅔ → ㅔ ＋ 어 → ㅔ

例 強い 세다→세어요→세요
  セダ　セオヨ　セヨ

ダイエットルール⑨

母音が ㅐ → ㅐ ＋ 어 → ㅐ

例 送る 보내다→보내어요→보내요
  ポネダ　ポネオヨ　ポネヨ

ㅡ変則のルール

P136〜137

語幹の最後のㅡをとった形 ＋ ㅏ요／ㅓ요

[ㅡの直前の母音がㅏㅗ]　例 痛い 아프다→아파요
  アプダ　アパヨ

[ㅡの直前の母音がㅏㅗ以外]　例 うれしい 기쁘다→기뻐요
  キップダ　キッポヨ

[語幹が1文字で母音がㅡ]　例 大きい 크다→커요
  クダ　コヨ

ㅂ変則のルール

P138〜139

語幹の最後のㅂをとった形 ＋ 우 ＋ 어요

例 ありがたい 고맙다→고마＋우＋어요→고마워요
  コマプタ　コマ　ウ　オヨ　コマウォヨ

ㅎ変則のルール

P140〜141

語幹の最後のㅎをとって母音をㅐに変えた形 ＋ 요

例 こうだ 이렇다→이래요
  イロタ　イレヨ

形容詞の連体形

P142〜143

パッチムなし 語幹 ＋ ㄴ
（語幹の最後に　ン
パッチムなし）

パッチムあり 語幹 ＋ 은
（語幹の最後に　ウン
パッチムあり）

7日目

動詞・形容詞の スリム化をマスター！

「出す」という動詞もスリム化するよ

音声 48

語幹の最後の母音が ㅔ と ㅐ の動詞、形容詞のスリム化を学ぶよ。
どちらのヨ体も 어 がついても、すぐになくなっちゃうから、
結局は語幹にそのまま 요 をつけるだけ。

これ だけは 覚えよう！

語幹に 요 を
つけるだけ！

 CHECK！

ダイエットルール ⑧ 語幹の最後の母音が ㅔ → ㅔ + 어 → ㅔ

強い 세다 (セダ)

ダブリ		ダブリはとる		ヨ体
세어요	→	세어요	→	세요
セオヨ				セヨ

ダイエットルール ⑨ 語幹の最後の母音が ㅐ → ㅐ + 어 → ㅐ

送る 보내다 (ポネダ)

ダブリ		ダブリはとる		ヨ体
보내어요	→	보내어요	→	보내요
ポネオヨ				ポネヨ

出す 내다の場合 [ㅐ + 어 → ㅐ] のルール

よ〜く 見て みよう！

語幹 語幹の最後の母音が「ㅏ・ㅗ以外」なので 어요 (オヨ) がつく

내다	→	내어요	→	내요
ネダ		とる		ネヨ
パッチムなし 原形		スリム化		ヨ体

復習これだけフレーズ ㊷ これからも手紙をたくさん送ります。 ▶▶▶

丁寧

ここで **お金を** **払います。**

여기서 돈을 **내요.**

ヨギソ　トヌル　ネヨ

語幹(母音ㅐ) + 요

ムニダ体の場合

냅니다.

ネムニダ

語幹(パッチムなし) + ㅂ니다.

돈을 내요. 「お金を出す」で「お金を払う」ことだよ。

否定

時間を **作れません。**

시간을 **못 내요.**

シガヌル　モン　ネヨ
発音　鼻音化　몯(モン)

못 + 丁寧形

시간을 내요. 「時間を出す」で「時間を作る」ことだね。

敬語

元気(力)を **出してください。**

힘을 **내세요.**

ヒムル　ネセヨ

語幹(パッチムなし) + 세요.

ムニダ体の場合

내십니다.

ネシムニダ

語幹(パッチムなし) + 십니다.

注意!

ヨ体とムニダ体では文章のニュアンスが変わるよ。ムニダ体だと「出されます」。

未来・意志・推量・婉曲

計画書を **出します。**

계획서를 **내겠어요.**

ケフェクソルル　ネゲッソヨ

語幹 + 겠어요.

ムニダ体の場合

내겠습니다.

ネゲッスムニダ

語幹 + 겠습니다.

可能

モノマネを **できますか?**

흉내를 **낼 수 있어요?**

ヒュンネルル　ネル　ス　イッソヨ

語幹(パッチムなし) + ㄹ 수 있어요.

不可能 「出せません」

낼 수 없어요.

ネル　ス　オプソヨ

[モノマネをする 흉내를 내다 (ヒュンネルル ネダ)]

過去

ヨ体のスリム化

CDを **出しました。**

CD를 **냈어요.**

シディルル　ネッソヨ

ヨ体から요をとった形 + ㅆ어요.

ヨ体の요をとって ㅆ어요をつけるんだよ!

내요 + ㅆ어요
ネヨ　ッソヨ

으変則をマスター！

痛くても覚えてうれしい으変則

아프다 (アプダ)「痛い」のように語幹の最後の母音が─の動詞や形容詞を
으 (ウ) 変則というよ。でも、同じ母音でも語幹が르で終わっている動詞や
形容詞は르 (ル) 変則 (126ページ) だから別だよ。混同しないでね。

語幹が1文字で母音が─	─の直前の母音が ┣か┻なら┣요	─の直前の母音が ┣┻以外なら┤요

으変則の動詞・形容詞　**語幹の最後の─をとった形**　+　**┣요/┤요**

これだけは覚えよう！

[─の直前の母音が┣┻]　原形　　　+┣요　　　ヨ体

痛い　아프다 → 아프ㄷㅏ → 아파요
母音が┣か┻　アプダ　　とる　　　アパヨ

[─の直前の母音が┣┻以外]　　　+┤요

うれしい　기쁘다 → 기쁘ㄷㅏ → 기뻐요
母音が┣┻以外　キップダ　　とる　　　キッポヨ

[語幹が1文字で母音が─]　　　+┤요

大きい　크다 → 크ㄷㅏ → 커요
語幹が1文字で母音が─　クダ　　とる　　　コヨ

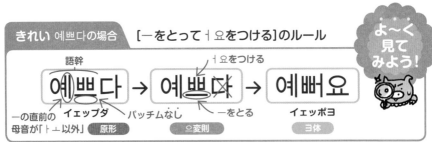

きれい 예쁘다の場合　　[─をとって┤요をつける]のルール

よ～く見てみよう！

語幹　　　　　　　┤요をつける
예쁘다 → 예쁘ㄷㅏ → 예뻐요
─の直前の　イェップダ　パッチムなし　─をとる　イェッポヨ
母音が「┣┻以外」 原形　　　　으変則　　　　ヨ体

復習これだけフレーズ⑬　**オッパの活躍は私もうれしいです。** ▶▶▶

丁寧

世の中 で もっとも きれいです。 **으変則**

세상에서 가장 **예뻐요.**

セサンエソ　カチャン　イェッポヨ

語幹(母音一をとる) + ㅓ요.

ムニダ体の場合

예쁩니다.

イェップムニダ

語幹(バッチムなし) + ㅂ니다.

否定

それほど きれいではありません。

별로 **안 예뻐요.** **으変則**

ピョルロ　アニェッポヨ

안 + 丁寧形

ムニダ体の場合

안 예쁩니다.

アニェップムニダ

안 + 丁寧形

敬語

笑顔 が おきれいです。

미소가 **예쁘세요.**

ミソガ　イェップセヨ

語幹(バッチムなし) + 세요.

ムニダ体の場合

예쁘십니다.

イェップシムニダ

語幹(バッチムなし) + 십니다.

未来・意志・推量・婉曲

心 も きれいでしょうね。

마음도 **예쁘겠어요.**

マウムド　イェップゲッソヨ

語幹 + 겠어요.

ムニダ体の場合

예쁘겠습니다.

イェップゲッスムニダ

語幹 + 겠습니다.

可能

人 が こんなに きれいでありえますか？

사람이 이렇게 **예쁠 수 있어요?**

サラミ　イロケ　イェップル　ス　イッソヨ

語幹(バッチムなし) + ㄹ 수 있어요.

不可能

「きれいでありえない」

예쁠 수 없어요.

イェップル　ス　オプソヨ

過去

으変則

昔 (に)は きれいでした。

옛날에는 **예뻤어요.**

イェンナレヌン　イェッポッソヨ

ヨ体から요をとった形 + ㅆ어요.

ヨ体の요をとって
ㅆ어요をつけるんだよ！

예뻐요 + ㅆ어요

イェッポヨ　　ッソヨ

오빠의 활약은 저도 기뻐요. **137**
オッパエ　ファリャグン　チョド　キッポヨ

ㅂ変則をマスター！

ㅂ変則を覚えておくとありがたい〜

ㅂの発音：비읍（ピウプ）

形容詞に多いのが、고맙다（コマプタ）「ありがたい」のように語幹の最後にパッチムㅂがあるタイプ。ㅛ体では고마워요（コマウォヨ）「ありがとう」のようにㅂがなくなるよ。

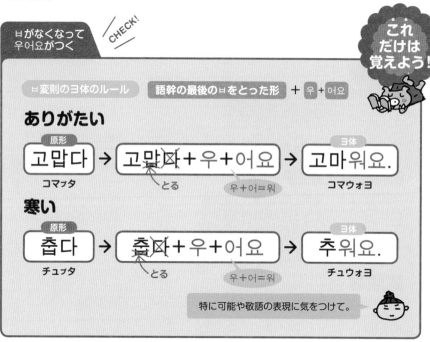

ㅂがなくなって
우어요がつく

CHECK!

これ
だけは
覚えよう！

ㅂ変則のㅛ体のルール　語幹の最後のㅂをとった形 ＋ 우 ＋ 어요

ありがたい

原形		ㅛ体
고맙다 →	고맙ㄷ＋우＋어요 →	고마워요.
コマプタ	とる　　우＋어＝워	コマウォヨ

寒い

原形		ㅛ体
춥다 →	춥ㄷ＋우＋어요 →	추워요.
チュプタ	とる　　우＋어＝워	チュウォヨ

特に可能や敬語の表現に気をつけて。

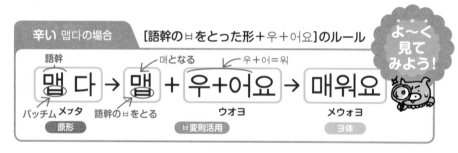

辛い 맵다の場合　[語幹のㅂをとった形＋우＋어요]のルール

よ〜く
見て
みよう！

語幹			
맵 다 →	맵 ＋	우＋어요 →	매워요
パッチム メプタ　原形	語幹のㅂをとる	ウォヨ ㅂ変則活用	メウォヨ ㅛ体

매となる　　우＋어＝워

復習これだけフレーズ㊹　韓国のファンがとってもうらやましいです。 ▶▶▶

丁寧

この　冷麺　は　辛いです。

이 냉면은 **매워요.** ←ㅂ変則

イ　ネンミョヌン　メウォヨ

語幹のㅂをとる ＋ 우+어요.

ムニダ体の場合

맵습니다.
メプスムニダ

語幹(パッチムあり) ＋ 습니다.

否定

この　料理　は　思ったほど　辛くありません。

이 요리는 생각보다 안 **매워요.** ←ㅂ変則

イ　ヨリヌン　センガクポダ　アン　メウォヨ

생각(考え)＋보다(より)

안 ＋ 丁寧形

ムニダ体の場合

안 맵습니다.
アン　メプスムニダ

안 ＋ 丁寧形

敬語

ビビンバ　も　お辛いですか？

비빔밥도 **매우세요?** ←ㅂ変則

ビビムパプト　メウセヨ

語幹のㅂをとる ＋ 우 ＋ 세요.

変則注意! ㅂがなくなって우がつく。さらに세요がつく

尊敬の場合は、まずㅂがなくなって우がつくんだ。そのあとに、세요.と続くよ。

未来・意志・推量・婉曲

あの　料理　も　辛そうですね。

저 요리도 **맵겠어요.**

チョ　ヨリド　メプケッソヨ

語幹 ＋ 겠어요.

ムニダ体の場合

맵겠습니다.
メプケッスムニダ

語幹 ＋ 겠습니다.

可能

ケーキ　が　辛いことがありえますか？

케이크가 **매울 수 있어요?** ←ㅂ変則

ケイクガ　メウル　ス　イッソヨ

語幹のㅂをとる ＋ 우 ＋ ㄹ 수 있어요.

可能（不可能）の文にするときも、まずㅂがなくなって우がつくから매우、そしてパターン通りにㄹ 수 있어요が続くよ。 **変則注意!**

過去

昨日　食べた　唐辛子　が　とても　辛かったです。

어제 먹은 고추가 너무 **매웠어요.** ←ㅂ変則

オチェ　モグン　コチュガ　ノム　メウォッソヨ

ㅗ体から요をとった形 ＋ ㅆ어요.

ㅛ体の요をとってㅆ어요をつけるんだよ！

한국 팬들이 아주 부러워요. ※うらやましい：부럽다
ハングクペンドゥリ　アチュ　プロウォヨ　プロプタ

LESSON 4

ㅎ変則をマスター！

そうだ！ ㅎ変則を学ぼう

ㅎの発音：히읗（ヒウッ）

語幹の最後にパッチムㅎがあるのがㅎ変則だよ。
数は多くはないけれど、よく使う「そうです」とか
「どうですか」のような言葉があるから覚えとかなきゃね。

これだけは覚えよう！

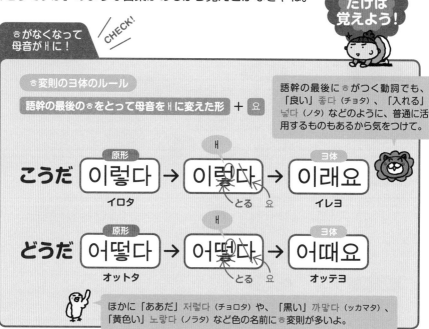

ㅎがなくなって母音がㅐに！ CHECK!

ㅎ変則のヨ体のルール

語幹の最後のㅎをとって母音をㅐに変えた形 ＋ 요

語幹の最後にㅎがつく動詞でも、「良い」좋다（チョタ）、「入れる」넣다（ノタ）などのように、普通に活用するものもあるから気をつけて。

こうだ 原形 이렇다 → 이렇다 → ヨ体 이래요
イロタ とる 요 イレヨ

どうだ 原形 어떻다 → 어떻다 → ヨ体 어때요
オットタ とる 요 オッテヨ

ほかに「ああだ」저렇다（チョロタ）や、「黒い」까맣다（ッカマタ）、「黄色い」노랗다（ノラタ）など色の名前にㅎ変則が多いよ。

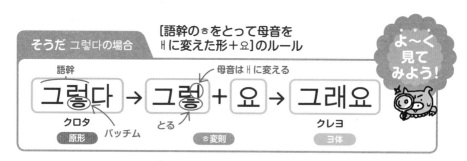

そうだ 그렇다の場合 ｜**[語幹のㅎをとって母音をㅐに変えた形＋요]のルール**

よ〜く見てみよう！

語幹 그렇다 → 그렇 ＋ 요 → 그래요
クロタ パッチム 原形 とる ㅎ変則 クレヨ ヨ体
母音はㅐに変える

復習これだけフレーズ㊺ 日本人と国際結婚はいかがですか？ ▶▶▶

丁寧

はい。
네.
ネ

そうです。
그래요.
クレヨ
ㅎ変則

語幹(パッチムㅎをとって母音をㅐにする) + 요.

ムニダ体の場合
그렇습니다.
クロッスムニダ
語幹(パッチムあり) + 습니다.

否定

ない
안
アン

そうですか(そうではありませんか)？
그래요?
グレヨ
ㅎ変則

안 + 丁寧形

ムニダ体の場合
안 그렇습니까?
アン　　　グロッスムニッカ
안 + 丁寧形

敬語

なぜ
왜
ウェ

そうなのでしょうか？
그러세요?
グロセヨ
ㅎ変則

語幹(パッチムㅎをとる) + 세요.

尊敬の場合は、まずㅎがなくなって、
その後に尊敬の세요や십니다がつく

그렇세요　　그렇십니다
クロセヨ　　　クロシムニダ
とる　　　　　とる

変則
注意！

未来・意志・推量・婉曲

本当に
정말
チョンマル

そうなんでしょうね。
그렇겠어요.
クロケッソヨ
語幹 + 겠어요.

ムニダ体の場合
그렇겠습니다.
クロッケスムニダ
語幹 + 겠습니다.

可能

そう
できない(そんなはずはありません)。
그럴 수 없어요.
クロル　　　ス　　　オプソヨ
ㅎ変則

語幹(パッチムㅎをとる) + ㄹ 수 없어요.

可能(不可能)の場合もㅎがとれて、
そしてパターン通りに
ㄹ 수 있어요 / 없어요.がつく

그렇 + ㄹ 수 없어요.
クロッ　　ル　ス　オプソヨ
とる

過去

ㅎ変則

今回 (に) も
이번에도
イボネド

そうだったんですか？
그랬어요?
クレッソヨ

ヨ体から요をとった形 + 써어요.

ㅋ体の요をとって써어요
をつけるんだよ！

그래요 + 써어요
クレヨ　　ッソヨ

音声 52

形容詞の連体形をマスター！

「辛いキムチ」「長い髪」……。どれも言ってみたい〜

「おいしい料理」「寒いギャグ」……。形容詞は連体形で使うことが多いんだよ。

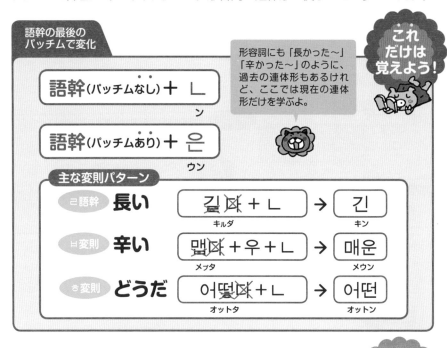

語幹の最後の
パッチムで変化

形容詞にも「長かった〜」
「辛かった〜」のように、
過去の連体形もあるけれ
ど、ここでは現在の連体
形だけを学ぶよ。

これ
だけは
覚えよう！

語幹（パッチムなし）＋ ㄴ
ン

語幹（パッチムあり）＋ 은
ウン

主な変則パターン

ㄹ語幹 **長い** 길다 ＋ ㄴ → 긴
キルダ　　　　　　　キン

ㅂ変則 **辛い** 맵다 ＋ 우 ＋ ㄴ → 매운
メプタ　　　　　　　メウン

ㅎ変則 **どうだ** 어떨다 ＋ ㄴ → 어떤
オットタ　　　　　　オットン

よ〜く
見て
みよう！

語幹
きれいだ 예쁘다 (イェップダ) ←パッチムなし

| こんなに | きれいな | 女性 | は | いません。 |

　イロケ　　イェップン　　ヨチャヌン　　オプソヨ
이렇게　예쁜　여자는　없어요.

語幹（パッチムなし）＋ ㄴ

復習これだけフレーズ⑯ 日本でも多くの女性ファンが応援していますよ。 ▶▶▶

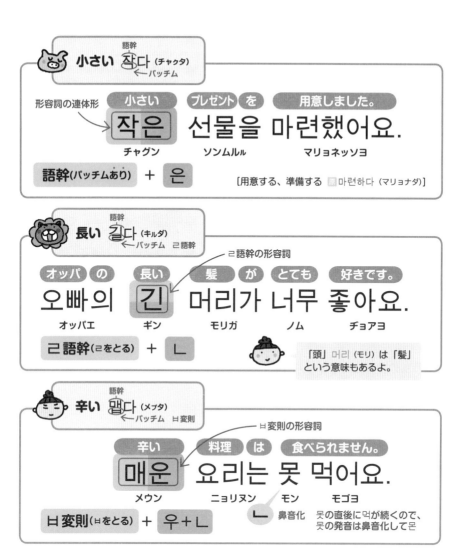

語幹
小さい 작다 (チャクタ)
←パッチム

形容詞の連体形
小さい プレゼント を 用意しました。
작은 선물을 마련했어요.
チャグン ソンムルル マリョネッソヨ

語幹(パッチムあり) + 은

[用意する、準備する 🔲 마련하다 (マリョナダ)]

語幹
長い 길다 (キルダ)
←パッチム ㄹ語幹

ㄹ語幹の形容詞
オッパ の 長い 髪 が とても 好きです。
오빠의 긴 머리가 너무 좋아요.
オッパエ ギン モリガ ノム チョアヨ

ㄹ語幹(ㄹをとる) + ㄴ

「頭」머리 (モリ) は「髪」という意味もあるよ。

語幹
辛い 맵다 (メプタ)
←パッチム ㅂ変則

ㅂ変則の形容詞
辛い 料理 は 食べられません。
매운 요리는 못 먹어요.
メウン ニョリヌン モン モゴヨ

ㅂ変則(ㅂをとる) + 우+ㄴ

ㄴ 鼻音化 못の直後に먹が続くので、못の発音は鼻音化して몬

語幹
どうだ 어떻다 (オットッタ)
←パッチム ㅎ変則

どんな 男 が 好きですか?
어떤 남자가 좋아요?
オットン ナムチャガ チョアヨ

ㅎ変則(ㅎをとる) + ㄴ

ㅎ変則の形容詞

좋다 (チョタ) には「良い」以外にも「好き」という意味もあるよ。

7日目 LESSON 5

일본에서도 많은 여성 팬이 응원해요.
イルボネソド マヌン ヨソン ペニ ウンウォネヨ

ファンレターを書いちゃおう

「復習これだけフレーズ」から、自分が使いたい文を選んで、
ファンレターを作ることができるよ。

○○○○様

オッパのファンです。(1-1)

私にはオッパの歌が最高です。(1-6)

オッパの曲は国境がありません。(2-6)

今この瞬間もＢＧＭはオッパの歌です。(3-1)

うちのお母さんもオッパのファンです。(1-7)

昨年ソウルで写真集を買いました。(5-7)

ソウルにはときどき行きます。(5-1)

今年は韓国語も一生懸命勉強する予定です。(6-8)

次の日本ツアーはいつですか？(4-1)

ファンミーティングはどこでしますか？(4-2)

これからも手紙をたくさん送ります。(7-1)

オッパのことすっごく愛してます。(1-3)

ときどき夢でオッパとチューをします。(1-8)

私はここで毎日オッパを応援してます。(3-2)

○○○○より

※（　）の中の数字は（○日目・レッスン○）になっています。本文もあわせて参考にしましょう。

○○○○님께
ニムッケ

手紙で相手の名前につけるよ。
意味は「様へ」。

오빠 팬입니다.
オッパ　ペニムニダ

저에게는 오빠 노래가 최고예요.
チョエゲヌン　オッパ　ノレガ　チェゴエヨ

오빠의 곡은 국경이 없어요.
オッパエ　コグン　クッキョンイ　オプソヨ

지금 이 순간에도 BGM은 오빠 노래예요.
チグム　イ　スンガネド　ビヂエムン　オッパ　ノレエヨ

우리 엄마도 오빠의 팬이에요.ㅎㅎㅎ　フフフと笑う音
ウリ　オムマド　オッパエ　ペニエヨ

작년에 서울에서 사진집을 샀어요.
チャンニョネ　ソウレソ　サヂンヂブル　サッソヨ

서울에는 가끔 갑니다.
ソウレヌン　カックム　カムニダ

올해는 한국어도 열심히 공부할 예정이에요.
オレヌン　ハングゴド　ヨルシミ　コンブハル　イェヂョンイエヨ

다음 일본 투어는 언제입니까?
タウム　イルボン　トゥオヌン　オンチェイムニッカ

팬미팅은 어디서 합니까?
ペンミティンウン　オディソ　ハムニッカ

앞으로도 편지를 많이 보내겠어요.
アプロド　ピョンヂルル　マニ　ボネゲッソヨ

오빠 너무너무 사랑해요.
オッパ　ノムノム　サランヘヨ

가끔 꿈에서 오빠하고 뽀뽀를 해요.ㅋㅋㅋㅋ　ククク と笑う音
カックム　ックメソ　オッパハゴ　ッポッポルル　ヘヨ

저는 여기서 매일 오빠를 응원해요.
チョヌン　ヨギソ　メイル　オッパルル　ウンウォネヨ

手紙の最後で自分の名前に必ず
つけて。意味は「より」。

○○○○올림
オルリム

145

ソラとブー子のはじめての文法 最終回
「ファンミーティング」リベンジ編

エンタメ

芸能ネタで盛り上がろう

俳優	女優
배우	여배우
ペウ	ヨペウ

主演	監督	司会者	ボーカル
주연	감독	사회자	보컬
チュヨン	カムドゥ	サフェチャ	ポコル

ダンサー	マジック	ダンス	芸能人
댄서	매직	춤	연예인
デンソ	メヂク	チュム	ヨネイン

有名人	演技	撮影	ファンミーティング
유명인	연기	촬영	팬미팅
ユミョンイン	ヨンギ	チャリョン	ペンミティン

舞台	握手会	サイン会	ツアー
무대	악수회	사인회	투어
ムデ	アクスフェ	サイヌェ	トゥオ

作曲家	マスコミ	視聴者	公演
작곡가	매스컴	시청자	공연
チャッコッカ	メスコム	シチョンチャ	コンヨン

放送	主人公	せりふ	録画
방송	주인공	대사	녹화
パンソン	チュインゴン	テサ	ノクァ

出演	取材	アイドル	漫画
출연	취재	아이돌	만화
チュリョン	チュィチェ	アイドル	マヌァ

番組	字幕	新聞	引退
프로그램	자막	신문	은퇴
プログレム	チャマク	シンムン	ウントェ

タレント	時代劇	ホラー	洋画
탤런트	사극	공포 영화	서양 영화
テルロントゥ	サグゥ	コンポヨンファ	ソヤンヨンファ

韓国映画	人気	ポップス	ロック
한국 영화	인기	팝송	록
ハングンニョンファ	インキ	パプソン	ロク

グルメ

音声55

韓国語で注文してみよう

つまようじ	おしぼり	箸	スプーン
이쑤시개	물수건	젓가락	숟가락
イッスシゲ	ムルスゴン	チョッカラク	スッカラク

ジュース	ビール	コップ	皿
주스	맥주	컵	접시
チュス	メクチュ	コプ	チョプシ

麦茶	水	焼酎	マッコリ
보리차	물	소주	막걸리
ポリチャ	ムル	ソチュ	マッコルリ

ご飯	パン	酒	コーヒー
밥	빵	술	커피
パプ	ッパン	スル	コピ

腸詰め	トッポッキ	菓子	パッピンス
순대	떡볶이	과자	팥빙수
スンデ	ットクポッキ	クァチャ	パッピンス

冷麺	ビビンバ	参鶏湯	ネギチヂミ
냉면	비빔밥	삼계탕	파전
ネンミョン	ビビムパプ	サムゲタン	パヂョン

海苔巻	サムギョプサル	ユッケジャン	味噌鍋
김밥	삼겹살	육개장	된장찌개
キムパプ	サムギョプサル	ユッケチャン	トェンチャンッチゲ

キムチチゲ	ソルロンタン	お粥	プルコギ
김치찌개	설렁탕	죽	불고기
キムチッチゲ	ソルロンタン	チュク	プルゴギ

餅	餃子	チャプチェ	ジャージャー麺
떡	만두	잡채	짜장면
ットク	マンドゥ	チャプチェ	ッチャチャンミョン

牛肉	豚肉	ホットク	鶏肉
소고기	돼지고기	호떡	닭고기
ソゴギ	トェヂゴギ	ホットク	タッコギ

卵	野菜	魚	唐辛子
계란	야채	생선	고추
ケラン	ヤチェ	センソン	コチュ

豆腐	唐辛子味噌	ねぎ	にんにく
두부	고추장	파	마늘
トゥブ	コチュヂャン	パ	マヌル

		醤油	ごま油
		간장	참기름
		カンヂャン	チャムギルム

よく使う動詞

朝起きて夜寝るまでに使う単語だよ

原	原	弓	弓
着る	**입다** イブタ	着ます	**입어요** イボヨ
通う	**다니다** タニダ	通います	**다녀요** タニョヨ
読む	**읽다** イクタ	読みます	**읽어요** イルゴヨ
書く 【○変則】	**쓰다** ッスダ	書きます	**써요** ッソヨ
遊ぶ 【ㄹ語幹】	**놀다** ノルダ	遊びます	**놀아요** ノラヨ
売る 【ㄹ語幹】	**팔다** パルダ	売ります	**팔아요** パラヨ
笑う	**웃다** ウッタ	笑います	**웃어요** ウソヨ
泣く 【ㄹ語幹】	**울다** ウルダ	泣きます	**울어요** ウロヨ
驚く	**놀라다** ノルラダ	驚きます	**놀라요** ノルラヨ
開く 【ㄹ語幹】	**열다** ヨルダ	開きます	**열어요** ヨロヨ
探す	**찾다** チャッタ	探します	**찾아요** チャチャヨ
過ごす	**지내다** チネダ	過ごします	**지내요** チネヨ

原	原	弓	弓
起きる	**일어나다** イロナダ	起きます	**일어나요** イロナヨ
作る	**만들다** マンドゥルダ	作ります	**만들어요** マンドゥロヨ
座る	**앉다** アンタ	座ります	**앉아요** アンチャヨ
履く	**신다** シンタ	履きます	**신어요** シノヨ
寝る	**자다** チャダ	寝ます	**자요** チャヨ
忘れる	**잊다** イッタ	忘れます	**잊어요** イチョヨ
教える	**가르치다** カルチダ	教えます	**가르쳐요** カルチョヨ
捨てる	**버리다** ポリダ	捨てます	**버려요** ポリョヨ
もらう	**받다** パッタ	もらいます	**받아요** パダヨ
休む	**쉬다** シュイダ	休みます	**쉬어요** シュイオヨ
習う	**배우다** ペウダ	習います	**배워요** ペウォヨ
走る	**뛰다** ットゥイダ	走ります	**뛰어요** ットゥイオヨ
住む 【ㄹ語幹】	**살다** サルダ	住みます	**살아요** サラヨ

原＝原形　弓＝ヨ体

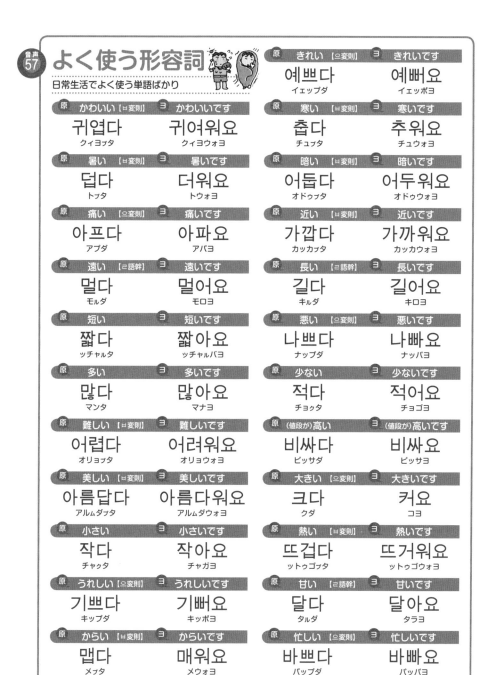

よく使う形容詞
日常生活でよく使う単語ばかり

原 かわいい【ㅂ変則】	ヨ かわいいです
귀엽다	귀여워요
クィヨプタ	クィヨウォヨ

原 暑い【ㅂ変則】	ヨ 暑いです
덥다	더워요
トプタ	トウォヨ

原 痛い【으変則】	ヨ 痛いです
아프다	아파요
アプダ	アパヨ

原 遠い【ㄹ語幹】	ヨ 遠いです
멀다	멀어요
モルダ	モロヨ

原 短い	ヨ 短いです
짧다	짧아요
ッチャルタ	ッチャルパヨ

原 多い	ヨ 多いです
많다	많아요
マンタ	マナヨ

原 難しい【ㅂ変則】	ヨ 難しいです
어렵다	어려워요
オリョプタ	オリョウォヨ

原 美しい【ㅂ変則】	ヨ 美しいです
아름답다	아름다워요
アルムダプタ	アルムダウォヨ

原 小さい	ヨ 小さいです
작다	작아요
チャクタ	チャガヨ

原 うれしい【으変則】	ヨ うれしいです
기쁘다	기뻐요
キップダ	キッポヨ

原 からい【ㅂ変則】	ヨ からいです
맵다	매워요
メプタ	メウォヨ

原 悲しい【으変則】	ヨ 悲しいです
슬프다	슬퍼요
スルプダ	スルポヨ

原 きれい【으変則】	ヨ きれいです
예쁘다	예뻐요
イェップダ	イェッポヨ

原 寒い【ㅂ変則】	ヨ 寒いです
춥다	추워요
チュプタ	チュウォヨ

原 暗い【ㅂ変則】	ヨ 暗いです
어둡다	어두워요
オドゥプタ	オドゥウォヨ

原 近い【ㅂ変則】	ヨ 近いです
가깝다	가까워요
カッカプタ	カッカウォヨ

原 長い【ㄹ語幹】	ヨ 長いです
길다	길어요
キルダ	キロヨ

原 悪い【ㅂ変則】	ヨ 悪いです
나쁘다	나빠요
ナップダ	ナッパヨ

原 少ない	ヨ 少ないです
적다	적어요
チョクタ	チョゴヨ

原〈値段が〉高い	ヨ〈値段が〉高いです
비싸다	비싸요
ピッサダ	ピッサヨ

原 大きい【으変則】	ヨ 大きいです
크다	커요
クダ	コヨ

原 熱い【ㅂ変則】	ヨ 熱いです
뜨겁다	뜨거워요
ットゥゴプタ	ットゥゴウォヨ

原 甘い【ㄹ語幹】	ヨ 甘いです
달다	달아요
タルダ	タラヨ

原 忙しい【ㅂ変則】	ヨ 忙しいです
바쁘다	바빠요
パップダ	パッパヨ

原 空腹だ【으変則】	ヨ 空腹です
고프다	고파요
コプダ	コパヨ

家族

複雑な親族関係もバッチリ

父	母
아버지 アボジ	어머니 オモニ

両親	おばあさん(父方)	おじいさん(父方)	おばあさん(母方)
부모님 プモニム	할머니 ハルモニ	할아버지 ハラボジ	외할머니 ウェハルモニ

おじいさん(母方)	お兄さん(弟から見て)	お兄さん(妹から見て)	お姉さん(弟から見て)
외할아버지 ウェハラボジ	형 ヒョン	오빠 オッパ	누나 ヌナ

お姉さん(妹から見て)	夫	妻	息子
언니 オンニ	남편 ナムピョン	아내 アネ	아들 アドゥル

娘	長男	長女	末っ子
딸 ッタル	장남 チャンナム	장녀 チャンニョ	막내 マンネ

弟	妹	孫(男の子)	孫(女の子)
남동생 ナムドンセン	여동생 ヨドンセン	손자 ソンチャ	손녀 ソンニョ

赤ちゃん	おじ(父の兄)	おじ(父の弟)	おば(父の姉妹)
아가 アガ	큰아버지 クナボジ	작은아버지 チャグナボジ	고모 コモ

おば(母の姉妹)	甥	舅	妻の父
이모 イモ	조카 チョカ	시아버지 シアボジ	장인 チャンイン

妻の母	姑	親戚	知り合い
장모 チャンモ	시어머니 シオモニ	친척 チンチョク	아는 사람 アヌン サラム

恋人	フィアンセ	親友	友達
애인 エイン	약혼자 ヤコンチャ	죽마고우 チュンマゴウ	친구 チング

同僚	新郎	新婦	先輩
동료 トンニョ	신랑 シルラン	신부 シンブ	선배 ソンベ

後輩	仲の良い友達	他人	上司
후배 フベ	친한 친구 チナンチング	남 ナム	상사 サンサ

部下	彼氏	彼女	夫婦
부하 プハ	남자 친구 ナムチャチング	여자 친구 ヨチャチング	부부 ププ

職業

音声 59

韓国語で自己紹介してみて！

公務員	会社員
공무원	회사원
コンムウォン	フェサウォン

銀行員	自営業	警察官	消防士
은행원	자영업	경찰관	소방사
ウネンウォン	チャヨンオプ	キョンチャルグァン	ソバンサ

運転手	理髪師	美容師	販売員
운전기사	이발사	미용사	판매원
ウンチョンギサ	イバルサ	ミヨンサ	パンメウォン

医者	看護師	弁護士	会計士
의사	간호사	변호사	회계사
ウィサ	カノサ	ピョノサ	フェゲサ

教授	講師	議員	政治家
교수	강사	의원	정치가
キョス	カンサ	ウィウォン	チョンチガ

農業	漁師	主婦	調理師
농업	어부	주부	조리사
ノンオプ	オブ	チュブ	チョリサ

小説家	画家	客室乗務員	歯医者
소설가	화가	객실 승무원	치과 의사
ソソルガ	ファガ	ケクシル スンムウォン	チクァウィサ

韓方医	スポーツ選手	牧師	薬剤師
한의사	스포츠 선수	목사	약사
ハニサ	スポチュソンス	モクサ	ヤクサ

幼稚園	保育園	小学校	中学校
유치원	보육원	초등학교	중학교
ユチウォン	ポユグォン	チョドゥンハッキョ	チュンハッキョ

高校	大学	1年生	2年生
고등학교	대학교	일 학년	이 학년
コドゥンハッキョ	テハッキョ	イランニョン	イハンニョン

3年生	浪人生	社会学部	経営学部
삼 학년	재수생	사회학부	경영학부
サマンニョン	チェスセン	サフェハプ	キョンヨンハプ

法学部	理工学部	文学部	経済学部
법학부	이공학부	문학부	경제학부
ポパプ	イゴンハプ	ムナプ	キョンチェハプ

課長	係長	軍人	秘書
과장	계장	군인	비서
クァチャン	ケチャン	クニン	ピソ

旅行

ツアーの予約も韓国語で！

出発	到着	チケット	スーツケース
출발	도착	티켓	트렁크
チュルバル	トチャク	ティケッ	トゥロンク

入国審査	搭乗口
입국 심사	탑승구
イプクゥシムサ	タプスング

地図	案内所	出国	航空券
지도	안내소	출국	항공권
チド	アンネソ	チュルグク	ハンゴンクォン

タクシー	料金	改札口	時刻表
택시	요금	개찰구	시각표
テクシ	ヨグム	ケチャルグ	シガクピョ

切符売り場	遊覧船	片道	往復
매표소	유람선	편도	왕복
メピョソ	ユラムソン	ピョンド	ワンボク

バス	地下鉄	飛行機	船
버스	지하철	비행기	배
ボス	チハチョル	ピヘンギ	ペ

高速バス	パトカー	バイク	救急車
고속버스	경찰차	오토바이	구급차
コソクゥボス	キョンチャルチャ	オトバイ	クグプチャ

露店	デパート	郵便局	銀行
노점	백화점	우체국	은행
ノチョム	ペクァチョム	ウチェグク	ウネン

交番	駅	空港	病院
파출소	역	공항	병원
パチュルソ	ヨク	コンハン	ピョンウォン

両替所	食堂	大使館	体育館
환전소	식당	대사관	체육관
ファンチョンソ	シクタン	テサグァン	チェユックァン

免税店	コンビニ	市役所	盗難
면세점	편의점	시청	도난
ミョンセチョム	ピョニチョム	シチョン	トナン

パスポート	ひったくり	すり	交通事故
여권	날치기	소매치기	교통사고
ヨクォン	ナルチギ	ソメチギ	キョトンサゴ

故障	マッサージ	あかすり	チムヂルバン（健康ランド）
고장	마사지	때밀이	찜질방
コヂャン	マサチ	ッテミリ	ッチムヂルバン

音声 61 恋愛・結婚

愛を語ろう……サランヘヨ

結婚	離婚
결혼	이혼
キョロン	イホン

妊娠	出産	再婚	合コン
임신	출산	재혼	미팅
イムシン	チュルサン	チェホン	ミティン

キス	チュー	ラブレター	デート
키스	뽀뽀	러브레터	데이트
キス	ッポッポ	ロブレト	テイトゥ

記念日	ハグ	告白	未婚男性
기념일	허그	고백	총각
キニョミル	ホグ	コベク	チョンガク

結婚指輪	花束	ダーリン	ナンパ
결혼반지	꽃다발	자기	헌팅
キョロンバンヂ	ッコッタバル	チャギ	ホンティン

色仕掛け	結婚式	婚約	新婚旅行
미인계	결혼식	약혼	신혼여행
ミインゲ	キョロンシク	ヤコン	シノンニョヘン

結婚写真	ペアルック	愛人	結婚式場
결혼사진	커플룩	정부	예식장
キョロンサチン	コプルルク	チョンブ	イェシクチャン

片思い	二股	失恋	別れ
짝사랑	양다리	실연	이별
ッチャクサラン	ヤンダリ	シリョン	イビョル

紹介(1対1の合コン)	交際	初恋	相性占い
소개팅	교제	첫사랑	궁합
ソゲティン	キョチェ	チョッサラン	クンハプ

お見合い	幸福	夫婦げんか	同棲
맞선	행복	부부싸움	동거
マッソン	ヘンボク	ブブッサウム	トンゴ

別居	おしどり夫婦	ゴールドミス	カップル
별거	잉꼬부부	골드미스	커플
ピョルゴ	インコブブ	コルドゥミス	コプル

美男美女	イケメン	運命	嫉妬
미남미녀	얼짱	운명	질투
ミナムミニョ	オルッチャン	ウンミョン	チルトゥ

浮気	百日記念	南男北女	熟年離婚
바람기	백일 기념	남남북녀	황혼 이혼
パラムキ	ペギル　ギニョム	ナムナムブンニョ	ファンホニホン

ゴールドミス：裕福な高学歴独身女性

趣味

趣味の話で友達作り！

趣味	旅行
취미	**여행**
チュイミ	ヨヘン

映画	音楽鑑賞	自転車	囲碁
영화	**음악 감상**	**자전거**	**바둑**
ヨンファ	ウマッカムサン	チャチョンゴ	パドゥッ

将棋	相撲	読書	水族館
장기	**씨름**	**독서**	**수족관**
チャンギ	ッシルム	トゥソ	スチョックァン

美術館	ヨガ	温泉	博物館
미술관	**요가**	**온천**	**박물관**
ミスルグァン	ヨガ	オンチョン	パンムルグァン

ゴルフ	スキー	サッカー	野球
골프	**스키**	**축구**	**야구**
ゴルプ	スキ	チュック	ヤグ

バスケットボール	ダンス	サーフィン	水泳
농구	**댄스**	**서핑**	**수영**
ノング	テンス	ソピン	スヨン

テコンドー	体操	テニス	卓球
태권도	**체조**	**테니스**	**탁구**
テクォンド	チェヂョ	テニス	タック

スケート	バレーボール	マラソン	ジョギング
스케이트	**배구**	**마라톤**	**조깅**
スケイトゥ	ペグ	マラトン	チョギン

ボウリング	ビリヤード	インターネット	カラオケ
볼링	**당구**	**인터넷**	**노래방**
ポルリン	タング	イントネッ	ノレバン

ショッピング	柔道	スポーツ観戦	散歩
쇼핑	**유도**	**스포츠 관전**	**산책**
ショピン	ユド	スポチュ クァンチョン	サンチェッ

運動	釣り	登山	乗馬
운동	**낚시**	**등산**	**승마**
ウンドン	ナッシ	トゥンサン	スンマ

ドライブ	写真	絵	カメラ
드라이브	**사진**	**그림**	**카메라**
トゥライブ	サヂン	クリム	カメラ

お菓子作り	料理	ガーデニング	ダイビング
과자 만들기	**요리**	**정원 가꾸기**	**다이빙**
クァチャ マンドゥルギ	ヨリ	チョンウォン カックギ	タイビン

暦・気候

雨にも負けず風にも負けず韓国語で

音声 63

日曜日	月曜日
일요일	월요일
イリヨイル	ウォリヨイル

火曜日	水曜日	木曜日	金曜日
화요일	수요일	목요일	금요일
ファヨイル	スヨイル	モギョイル	クミョイル

土曜日	正月	旧正月	こどもの日
토요일	설날	구정	어린이날
トヨイル	ソルラル	クジョン	オリニナル

父母の日	成人の日	秋夕（お盆）	ハングルの日
어버이날	성년의 날	추석	한글날
オボイナル	ソンニョネ ナル	チュソク	ハングルラル

バレンタインデー	ホワイトデー	ポッキーの日	三一節
발렌타인데이	화이트데이	빼빼로데이	삼일절
バルレンタインデイ	ファイトデイ	ッペッペロデイ	サミルチョル

光復節	先生の日	植樹の日	季節
광복절	스승의 날	식목일	계절
クァンボクチョル	ススンエナル	シンモギル	ケジョル

連休	クリスマス	夏休み	冬休み
연휴	크리스마스	여름 방학	겨울 방학
ヨニュ	クリスマス	ヨルム バンハク	キョウル バンハク

月	春	夏	秋
달	봄	여름	가을
タル	ボム	ヨルム	カウル

冬	四季	梅雨	黄砂
겨울	사계절	장마	황사
キョウル	サゲチョル	チャンマ	ファンサ

雷	雨	夕立	洪水
천둥	비	소나기	홍수
チョンドゥン	ビ	ソナギ	ホンス

嵐	霧	雲	雪
폭풍우	안개	구름	눈
ポップンウ	アンゲ	クルム	ヌン

台風	竜巻	風	空
태풍	회오리바람	바람	하늘
テプン	フェオリバラム	パラム	ハヌル

天気	地震	津波	天気雨
날씨	지진	해일	여우비
ナルッシ	チヂン	ヘイル	ヨウビ

地名・自然

世界の果てまでいってみよう

フランス	アメリカ
프랑스	미국
プランス	ミグヶ

イギリス	中国	カナダ	北朝鮮
영국	중국	캐나다	북한
ヨングヶ	チュングヶ	ケナダ	プカン

ドイツ	オーストラリア	スイス	ロシア
독일	호주	스위스	러시아
トギル	ホチュ	スウィス	ロシア

ソウル	釜山	大邱	済州
서울	부산	대구	제주
ソウル	プサン	テグ	チェチュ

慶州	金浦	仁川	漢江
경주	김포	인천	한강
キョンチュ	キムポ	インチョン	ハンガン

川	海	海岸	湾
강	바다	해안	만
カン	パダ	ヘアン	マン

山	港	湖	森
산	항구	호수	숲
サン	ハング	ホス	スプ

盆地	山脈	砂漠	島
분지	산맥	사막	섬
プンチ	サンメヶ	サマヶ	ソム

半島	大陸	太平洋	北極
반도	대륙	태평양	북극
パンド	テリュヶ	テピョンヤン	プックヶ

田んぼ	畑	住宅地	北
논	밭	주택지	북
ノン	パッ	チュテクチ	プヶ

南	東	西	マンション
남	동	서	아파트
ナム	トン	ソ	アパトゥ

一戸建て	道	外国	海外
단독 주택	길	외국	해외
タンドヶチュテヶ	キル	ウェグヶ	ヘウェ

池	滝	通り	遺跡
연못	폭포	거리	유적
ヨンモッ	ポヶポ	コリ	ユチョヶ

からだ・病気

いざとなったら病気だって韓国語で

体	髪の毛
몸 モム	머리카락 モリカラク

頭	顔	目	鼻
머리 モリ	얼굴 オルグル	눈 ヌン	코 コ

額	口	頬	歯
이마 イマ	입 イプ	뺨 ピャム	이 イ

舌	顎	耳	首
혀 ヒョ	턱 トク	귀 クィ	목 モク

肩	腕	肘	手
어깨 オッケ	팔 パル	팔꿈치 パルックムチ	손 ソン

手の指	手の爪	腹	胸
손가락 ソンカラク	손톱 ソントプ	배 ペ	가슴 カスム

背中	腰	尻	脚
등 トゥン	허리 ホリ	엉덩이 オンドンイ	다리 タリ

膝	心臓	風邪	やけど
무릎 ムルプ	심장 シムチャン	감기 カムギ	화상 ファサン

虫歯	けが	骨折	頭痛
충치 チュンチ	상처 サンチョ	골절 コルチョル	두통 トゥトン

吐き気	熱	腹痛	下痢
구토증 クトチュン	열 ヨル	복통 ポクトン	설사 ソルサ

便秘	貧血	食中毒	インフルエンザ
변비 ピョンビ	빈혈 ピニョル	식중독 シクチュンドク	독감 トッカム

盲腸	肺炎	不眠症	薬
맹장 メンチャン	폐렴 ペリョム	불면증 プルミョンチュン	약 ヤク

韓薬	鎮痛剤	解熱剤	処方箋
한약 ハニャク	진통제 チントンチェ	해열제 ヘヨルチェ	처방전 チョバンチョン

著者

木内明　きうち あきら

東洋大学教授。1967年静岡県生まれ。早稲田大学卒業、ソウル大学大学院修了。NHKラジオ「まいにちハングル講座」（2008年度後期、11年度前期）の番組講師を務める。
〈著書〉
『7日でできる! 韓国語ゆるレッスン』『ゼロからしっかり学べる! 韓国語[文法]トレーニング』（高橋書店）、『基礎から学ぶ韓国語講座 初級』（国書刊行会）、『ドラマで覚える中級ハングル』（NHK出版）　ほか多数

7日でできる!

韓国語ゆる文法 音声DL版

著　者　木内　明
発行者　高橋秀雄
発行所　株式会社 高橋書店
　　　　〒170-6014 東京都豊島区東池袋3-1-1 サンシャイン60 14階
　　　　電話　03-5957-7103

ISBN978-4-471-11456-5　ⒸTAKAHASHI SHOTEN　Printed in Japan

本書の内容についてのご質問は「書名、質問事項（ページ、内容）、お客様のご連絡先」を明記のうえ、郵送、FAX、ホームページお問い合わせフォームから小社へお送りください。
回答にはお時間をいただく場合がございます。また、電話によるお問い合わせ、本書の内容を超えたご質問にはお答えできませんので、ご了承ください。本書に関する正誤等の情報は、小社ホームページもご参照ください。

【内容についての問い合わせ先】
　書　面　〒170-6014 東京都豊島区東池袋3-1-1 サンシャイン60 14階　高橋書店編集部
　FAX　03-5957-7079
　メール　小社ホームページお問い合わせフォームから　(https://www.takahashishoten.co.jp/)

【不良品についての問い合わせ先】
　ページの順序間違い・抜けなど物理的欠陥がございましたら、電話03-5957-7076へお問い合わせください。ただし、古書店等で購入・入手された商品の交換には一切応じられません。